MICHAEL COLLINS PIPER

LA NOUVELLE JÉRUSALEM

LE POUVOIR SIONISTE EN AMÉRIQUE

Une étude approfondie, minutieusement documentée et remplie de faits sur la vaste gamme de richesses et de pouvoirs accumulés par l'élite sioniste aux États-Unis de nos jours.

MICHAEL COLLINS PIPER

Michael Collins Piper était un écrivain politique américain et animateur de radio. Il est né en 1960 en Pennsylvanie, aux États-Unis. Il était un collaborateur régulier de The Spotlight et de son successeur, American Free Press, des journaux soutenus par Willis Carto. Il est décédé en 2015 à Cœur d'Alène, Idaho, aux États-Unis.

La nouvelle Jérusalem – Le pouvoir sioniste en Amérique
Une étude approfondie, minutieusement documentée et remplie de faits sur la vaste gamme de richesses et de pouvoirs accumulés par l'élite sioniste aux États-Unis de nos jours.

The New Jerusalem – Zionist Power in America
*The first-ever in-depth, thoroughly documented,
fact-filled study of the vast array of wealth and
power accumulated by the Zionist elite
in the United States today*

Première impression aux États-Unis : Juin 2004 American Free Press

Traduit et publié par
Omnia Veritas Limited

OMNIA VERITAS®
www.omnia-veritas.com

© Omnia Veritas Ltd – 2025

Tous droits réservés. Aucune partie de cette publication ne peut être reproduite, distribuée ou transmise sous quelque forme ou par quelque moyen que ce soit, y compris la photocopie, l'enregistrement ou d'autres moyens électroniques ou mécaniques, sans l'autorisation écrite préalable de l'éditeur, sauf dans le cas de brèves citations dans des revues critiques et d'autres utilisations non commerciales autorisées par la loi sur les droits d'auteur.

PRÉFACE **19**
   Israël ou l'Amérique ? 19
INTRODUCTION **22**
   Sémites et antisémites - Le conflit des âges 22
LA "NOUVELLE ÉLITE" AMÉRICAINE **30**
   Une vue d'ensemble franche et sympathique de ce sujet des plus
   difficiles 30
LA CORRUPTION À L'AMÉRICAINE **50**
   ENRON - La connexion sioniste peu médiatisée (mais très
   importante) 50
L'AFFAIRE INSLAW : **56**
   Le contrôle sioniste des tribunaux et du département de la
   justice des États-Unis 56
LE GANG BRONFMAN **66**
   La famille royale des juifs américains Sam et Edgar Bronfman :
   les "parrains" d'Al Capone et de John McCain 66
DEUX GÉANTS DES MÉDIAS **78**
   Les empires Meyer-Graham et Newhouse 78
      L'EMPIRE MEYER-GRAHAM... .... *79*
      L'EMPIRE NEWHOUSE... .... *85*
      JOURNAUX NEWHOUSE : *89*
LES FAMILLES JUIVES LES PLUS RICHES ET LES PLUS
PUISSANTES D'AMÉRIQUE **92**
   Ceux qui règnent en maîtres 92
QUI SE CACHE DERRIÈRE TRUMP ? **124**
   L'étrange histoire du "Donald" 124
DES FAITS ET DES CHIFFRES CLAIRS ET PRÉCIS : **129**
   Le pouvoir sioniste en Amérique aujourd'hui - selon des sources
   juives 129
      Une note d'introduction... .... *129*
      LES FINANCIERS JUIFS ONT PROFITÉ DE REAGAN *130*
      UN MARIAGE DE COMPLAISANCE *130*
      FINANCIERS JUIFS ET OBLIGATIONS DE PACOTILLE .. *132*
      PRATIQUEMENT TOUS LES SPÉCIALISTES DES OFFRES
      PUBLIQUES D'ACHAT (OPA) *132*
      DES BÉDOUINS À BORD D'AVIONS À RÉACTION *133*
      LA CALIFORNIE, LES VOILÀ... .... *133*
      MEDIA : UNE INFLUENCE DISPROPORTIONNÉE *133*
      LE VRAI POUVOIR À HOLLYWOOD *134*
      LA NOUVELLE INVASION DE L'IMMIGRATION JUIVE ... *134*
      LES ISRAELIENS TROUVENT UNE NOUVELLE "TERRE DE LAIT ET
      DE MIEL *135*
      LA VALLÉE DU SILICIUM : LA NOUVELLE TERRE PROMISE *136*
      LA FINANCE JUIVE : "UN PARFUM INTERNATIONAL *136*

L'ART : "UNE FORTE SAVEUR JUIVE 137
MON FILS, LE 137
LES CITADINS 139
LES MIEUX ÉDUQUÉS 139
LES PROFESSEURS JUIFS "SURPASSENT DE LOIN" LES GENTILS
.... 140
UN QUART DES AMÉRICAINS LES PLUS RICHES ET 30% DES
MILLIARDAIRES SONT JUIFS. 141
L'IMMOBILIER, PRINCIPALE SOURCE DE RICHESSE POUR LES
JUIFS 142
MILLIARDAIRES DE L'IMMOBILIER 143
LES JUIFS REPRÉSENTENT PLUS DE 11% DE L'ÉLITE
AMÉRICAINE 144
LES JUIFS ONT "CRÉÉ" LA SOI-DISANT MAFIA 144
VIOLENCE ET SEXE À LA TÉLÉVISION SOUS L'ÉGIDE DES JUIFS
.... 145
LE RÔLE DOMINANT DES JUIFS DANS LA "NOUVELLE CULTURE
DE GAUCHE 145
LE MOUVEMENT FÉMINISTE 146
LES JUIFS DE WALL STREET "CONTOURNENT LES LIMITES DE LA
LOI 146
L'ACHAT DE SPORT PROFESSIONNEL 147
LE POUVOIR DE LA PRESSE 147
LE POUVOIR DE LA PAROLE 148
LE POIDS DES MÉDIAS EST SYNONYME D'INFLUENCE
POLITIQUE 149
"MIEUX LOTIS" QUE LA "PLUPART DES AUTRES" GROUPES 150
QUI DOMINE "L'ELITE AMERICAINE" ? 151
L'ÉLITE UNIVERSITAIRE AMÉRICAINE 152
PROFESSEURS D'ÉCOLES D'ÉLITE 152
LES PROFESSEURS JUIFS MIEUX PAYÉS 153
DÉCISION CLÉ" DANS LES JOURNAUX TÉLÉVISÉS ; PRÈS D'UN
TIERS DE "L'ÉLITE DES MÉDIAS". 153
INFLUENT" DANS "GESTION DE L'INFORMATION TÉLÉVISÉE".
.... 154
LIVRES PAR OU SUR LES JUIFS 154
CHRONIQUEURS ET COMMENTATEURS PRO-ISRAÉLIENS 155
L'EFFET JOE LIEBERMAN : L'ARGENT JUIF "CACHÉ AU PUBLIC
.... 161
LE SECRET DE L'AISANCE JUIVE 162
LE GROUPE ETHNIQUE LE PLUS RICHE 162
L'ÉLITE JUIVE : QUI EST QUI ? 163
CE QUE CROIENT LES DIRIGEANTS JUIFS 170
L'INFLUENCE POLITIQUE DÉPASSE LES CHIFFRES 171

LES JUIFS AU SENAT DES ÉTATS-UNIS... 171
CHAMBRE DES REPRÉSENTANTS.. 171
UN POUVOIR DE VOTE PRESQUE DEUX FOIS PLUS IMPORTANT
.... 172
LES JUIFS "AMPLIFIENT LEUR POUVOIR DE VOTE.................... 173
CONCENTRATION DE LA POPULATION JUIVE ET POURCENTAGE
DE L'ÉLECTORAT TOTAL... 173
COMITÉS D'ACTION POLITIQUE JUIFS (PAC) 174
IMMIGRANTS ISRAELIENS ET CRIME ORGANISE...................... 178
LES JUIFS ET LE PARTI COMMUNISTE - USA 179
LES FEMMES JUIVES DÉPASSENT LES FEMMES NON JUIVES .. 179
CLUB "SECRET" DE MILLIARDAIRES JUIFS 180
DEUX FOIS LE TAUX D'EMPLOI INDÉPENDANT........................ 181
LES JUIFS DE WALL STREET 181
LES "MAÎTRES" DE L'INTERNET ? 182
JEWISH SOB SISTERS.. 182
UN VASTE EFFET D'ENTRAÎNEMENT.. 183
LES JUIFS ET L'ACTUALITÉ : "UNE COMMUNAUTÉ TRÈS UNIE 184
DEUX MAISONS, BEAUCOUP VOYAGÉ, DÎNER AU RESTAURANT
.... 184
LES PERSONNES QUI ONT LES MOYENS D'ACHETER DES LIVRES
.... 185
ACHATS DE LIVRES À COUVERTURE RIGIDE 185
TITRES ET INVESTISSEMENTS DÉTENUS 186
NOMS JUIFS DANS LE CLASSEMENT FORBES 400...................... 186
LA LISTE DES JUIFS DU "FORBES 400" EN 2004 187
AMERIQUE : LE PLUS GRAND TRIOMPHE.................................... 194
LA CULTURE OCCIDENTALE EST "IMPRÉGNÉE DE JUDAÏSME 194
UN JUGEMENT DÉFINITIF... ....**196**
LE POUVOIR JUIF EN AMÉRIQUE EST AUJOURD'HUI PLUS IMPORTANT QUE LE POUVOIR JUIF DANS N'IMPORTE QUEL PAYS À N'IMPORTE QUEL MOMENT DE L'HISTOIRE. 196
Philosophes sionistes modernes : "L'Amérique est la nouvelle Jérusalem
.... 197
QUELQUES RÉFLEXIONS... ....**208**
LA VAGUE DU FUTUR... 208
BIBLIOGRAPHIE DES SOURCES **217**
AUTRES TITRES **223**

LA NOUVELLE JERUSALEM

LE POUVOIR SIONISTE EN AMERIQUE

> "La grande question qui, à toutes les époques, a troublé l'humanité et lui a fait subir la plus grande partie des maux qui ont ruiné les villes, dépeuplé les pays et troublé la paix du monde, n'a pas été de savoir s'il y avait un pouvoir dans le monde, ni d'où il venait, mais qui devait le détenir.
>
> -JOHN LOCKE *Traités sur le gouvernement*, I

THE HALF-PROMISED LAND.

Le 7 juin 1922, le célèbre magazine satirique londonien *Punch* a publié cette caricature intitulée "La terre à moitié promise". Cette caricature évoque la façon dont Pinchas Rutenberg, un révolutionnaire juif anti-tzariste né en Russie, devenu un fervent sioniste et un homme d'affaires, voyait la Palestine, alors encore aux mains des Britanniques et pas encore transférée, comme ce fut finalement le cas, sous contrôle juif. Pour Rutenberg, la Palestine s'avérait être une véritable terre de lait et de miel, une base pour ce qui était essentiellement le projet de Rutenberg de s'enrichir rapidement en fournissant de l'électricité à la Palestine, comme le montrent les "contrats électriques" qu'il tient dans sa main, avec son sac de voyage dans l'autre, portant l'étiquette "M. Rutenberg - de la Russie à la Palestine". La Palestine Electric Corporation de Rutenberg (qui deviendra plus tard l'Israel Electric Corporation) est l'une des premières entreprises à avoir réussi à s'implanter en Palestine. Bien que Rutenberg et ses compagnons de rêve sionistes aient finalement obtenu un État en Palestine, avec la création officielle d'Israël en 1948, une "nouvelle Jérusalem" bien réelle, fermement ancrée dans les mains des "Rutenberg" des temps modernes, a vu le jour depuis lors, et il s'agit ni plus ni moins que des États-Unis d'Amérique.

À PROPOS DE LA COUVERTURE...

Il s'agit d'une reproduction du tableau de Robert Fleaux de 1851 représentant l'"Assaut du quartier juif de Venise", dont l'original se trouve au musée des Augustins de Toulouse. Ce tableau commémore le soulèvement, au XVe siècle, des citoyens vénitiens contre les marchands et les prêteurs juifs qui en étaient venus à prédominer dans leurs affaires commerciales et publiques.

En fait, des événements similaires ont eu lieu dans toute l'Europe lorsque les citoyens ont découvert que leurs économies respectives - locales, provinciales et nationales - étaient tombées entre les mains d'une poignée de privilégiés.

De tels soulèvements ont éclaté en Europe pendant une bonne partie du XXe siècle. Certains pensent que cette histoire tragique a joué un rôle majeur dans l'orientation de l'attention des Juifs vers le nouveau continent américain, où les intérêts géopolitiques britanniques, étroitement liés aux entreprises mondiales de la famille juive Rothschild, avaient pris racine.

En fin de compte, l'Amérique - après des années de troubles, de guerres et d'agitation sociale, en grande partie imputables à des intrigues de haut niveau impliquant les Rothschild et leurs agents sur le sol américain - a commencé à prendre un visage nettement différent, avec une "nouvelle élite" émergeant pour régner en maître sur un pays bien autrement divisé à l'intérieur.

Les conséquences de ce nouveau paradigme - et l'impact qu'il peut avoir sur l'avenir non seulement des États-Unis, mais aussi du monde - constituent le sujet de *La nouvelle Jérusalem*.

Dédicace

À Ruth Cramer Waters, la première personne à m'avoir dit que les sionistes avaient un pouvoir immense en Amérique.

À mon ami de toujours, le colonel Dallas Texas Naylor, un patriote inconditionnel dont la vie a été trop courte.

Aux plus de cent millions de victimes du sionisme et du communisme dans le monde.

Aux survivants (et aux victimes) musulmans et chrétiens de l'Holocauste palestinien (la "Nakba").

À Nicolas II, tsar de Russie, premier martyr du XXe siècle, massacré par des assassins sionistes.

À John Fitzgerald Kennedy, exécuté publiquement pour avoir tenté d'arrêter la course folle d'Israël à la construction d'armes nucléaires de destruction massive.

À Sa Sainteté le Pape Pie XII, dont la mémoire a été rituellement souillée par les forces de la haine.

Lawrence Dennis, Charles Coughlin, Paquita DeShishmareff, Arnold Leese, Henry Ford, Charles Lindbergh, Ezra Pound - et bien d'autres encore - ont été crucifiés pour s'être exprimés.

À Eustace Mullins, l'intellectuel américain dont les études m'ont fait découvrir les intrigues que peu de gens écriraient jamais.

À Ernst Zundel, Hans Schmidt, Fredrick Toben, Udo Walendy, quatre parmi des milliers d'autres, emprisonnés pour avoir osé remettre en question les "interprétations" officielles de l'histoire du XXe siècle.

À Paul Christian Wolff, un ami cher, un confident et un conseiller, dont la perspicacité et l'humour ne seront jamais égalés.

Et à tous les futurs dirigeants - aux États-Unis et dans le monde entier - qui joueront un rôle dans les ajustements nécessaires pour apporter une véritable liberté à tous les peuples de notre planète.

- MICHAEL COLLINS PIPER

LE PREMIER GRAND FANATIQUE EN AMERIQUE : LEWIS CHARLES LEVIN, MEMBRE DU CONGRES DES ÉTATS-UNIS, FONDATEUR JUIF DU PARTI "KNOW NOTHING".

Le sujet de l'"antisémitisme" et du "sectarisme" est très discuté dans les grands médias et dans les livres d'histoire de l'Amérique d'aujourd'hui. Mais le plus grand secret est peut-être que l'un des premiers et principaux fanatiques américains à avoir mené la lutte contre l'immigration aux États-Unis - en particulier l'immigration catholique irlandaise - était un éminent juif américain, Lewis Charles Levin.

Bien que l'histoire nous dise souvent que le mouvement dit "Know Nothing" - le Native American Party - était "dirigé par des protestants" et "visait les catholiques et les juifs", la vérité est que Levin - un juif - était non seulement l'un des fondateurs du parti, mais aussi l'un des rédacteurs de son organe national et l'un des premiers membres de Know Nothing à être élu au Congrès !

En fait, Levin a été le premier Juif élu au Congrès américain. Pourtant, la littérature juive d'aujourd'hui ne mentionne jamais le rôle prééminent de Levin dans l'agitation anticatholique des premières années de l'Amérique.

Levin est né en 1808 à Charleston, en Caroline du Sud, qui - comme le savent les spécialistes de la traite des esclaves africains - a été le centre de la population juive des États-Unis pendant de nombreuses années, bien avant que la ville de New York n'émerge en tant que telle. Plus tard, en tant qu'avocat, il s'est installé à Philadelphie, où il a publié et édité le *Philadelphia Daily Sun*. En 1844, il a été élu au Congrès de Pennsylvanie sur la liste américaine (ou "Know Nothing") et a occupé ce poste pendant trois mandats, jusqu'à ce qu'il soit battu pour sa réélection en 1850. Levin meurt dix ans plus tard, le 14 mars 1860.

Le fait que Levin ait été l'un des premiers agitateurs anti-catholiques sur le sol américain est pour le moins intéressant, en particulier parce que, comme nous l'avons noté, les livres d'histoire ont pris soin de "modifier" le dossier historique en ce qui concerne le rôle de Levin dans le mouvement "Know Nothing". Et cela soulève bien sûr la question suivante : "Pourquoi ? "Pourquoi ?" Dans les pages de *La Nouvelle Jérusalem*, nous expliquerons pourquoi la carrière de Levin a été reléguée dans le "trou de mémoire" orwellien et pourquoi, à la place, nous entendons toujours dire que "les protestants" et "les catholiques" ont été si hostiles aux "pauvres immigrants juifs qui fuyaient les persécutions".

L'histoire de Levin est en effet très révélatrice...

PRÉFACE

Israël ou l'Amérique ?

En 1988, le professeur Shalom Goldman, professeur associé d'études hébraïques et moyen-orientales à l'université Emory, a fait l'intéressante découverte qu'un ancêtre peu connu des présidents américains Bush n'était autre que le professeur George Bush qui, en 1830, a écrit *La vie de Mahomet*, qui s'est avéré être le premier texte haineux anti-musulman jamais publié sur le sol américain.

Dans son propre ouvrage de 2004, *God's Sacred Tongue : Hebrew and the American Imagination* (The University of North Carolina Press), le professeur Goldman, parlant de Bush, qui a vécu de 1796 à 1859, affirme que la vie et l'œuvre de Bush sont importantes pour retracer les racines du "sionisme chrétien" en Amérique. Bush était très connu et prolifique à son époque et était un fervent défenseur du retour des Juifs en Terre Sainte, et ses déclarations à cet égard, dit Goldman, "ont eu une influence considérable".

Ironiquement, malgré son plaidoyer en faveur du sionisme, Bush n'était pas un philo-sémite, mais était au contraire assez hostile au peuple juif, tout comme il l'était envers les musulmans. Il considérait la philosophie juive comme une menace pour le christianisme et l'Occident et estimait que l'établissement d'un État juif ne serait possible que si l'on faisait appel à ce que Bush appelait les "principes mondains et égoïstes de l'esprit juif".

Bien sûr, il existe aujourd'hui un État juif connu sous le nom d'Israël, et les descendants de Bush se sont révélés être de dignes défenseurs de cette nation, les deux présidents Bush ayant lancé des guerres dévastatrices en son nom. Et le deuxième président Bush, au moins, semble partager l'amour-haine particulier de son lointain ancêtre pour les Juifs en vertu de sa propre marque de dispensationalisme chrétien, qui place Israël en son centre, tout en attendant ces soi-disant "derniers jours" où (selon l'enseignement) seul un reste de Juifs survivra et deviendra adepte du Christ.

Cependant, le professeur Bush d'antan n'était pas le seul philosophe à envisager le retour des Juifs à Sion. D'autres voyaient en fait les États-Unis d'Amérique comme la nouvelle Jérusalem - au moins temporairement - et considéraient le sol américain comme un lieu de rassemblement pour les Juifs afin de préparer leur éventuel retour en Palestine, qui était censée être la terre de leurs ancêtres. Et bien qu'il y ait aujourd'hui - à l'insu de beaucoup de gens - de nombreux anthropologues et archéologues de renom, ainsi que des universitaires juifs et chrétiens et des spécialistes de la Haute Critique, entre autres, qui ont de sérieux doutes sur le soi-disant droit "his torique" du peuple juif à la Palestine, la légende d'un retour en Terre Sainte a eu une grande influence dans les premiers temps de l'Amérique, et même jusqu'à aujourd'hui.

(Pour ceux qui osent se pencher sur cette controverse entourant le mythe d'une revendication historique juive sur la Palestine, un bon point de départ est l'ouvrage de 1999 du professeur Thomas L. Thompson, *The Mythic Past : Biblical Archeology and the Myth of Israel* (Basic Books). De même, l'auteur juif Daniel Lazare a publié un article intitulé "False Testament" dans le numéro de mars 2002 de *Harper's*. Cet article peut être consulté sur Internet à l'adresse suivante : findarticles.com). Néanmoins, alors que nous avançons rapidement dans le XXIe siècle - bien après que le professeur Bush ait reçu sa récompense - nous constatons que, bien que l'État d'Israël existe bel et bien - à peine, et déchiré par d'importantes divisions internes -, la position de la communauté sioniste sur le sol américain est inégalée par tout autre groupe ethnique, même en incluant les anciennes familles dites "WASP" de grand pouvoir et de renommée.

Bien que les sionistes américains insistent pour que les États-Unis continuent à soutenir l'État d'Israël avec des milliards de dollars d'aide sociale, sans parler de l'aide militaire et d'autres formes de soutien, ces mêmes sionistes ne semblent pas avoir l'intention d'y élire domicile. Non, en fait, ils sont plutôt heureux ici, en Amérique, et ils en profitent énormément.

Comme nous le verrons, l'élite sioniste américaine a accompli beaucoup de choses et si beaucoup de gens savent que le soi-disant "lobby israélien" est puissant à Washington, la plupart d'entre eux ne comprennent pas exactement pourquoi ce lobby est si puissant. La raison en est très simple : malgré tout le battage médiatique et toute la rhétorique sur le "petit Israël" et sa place sacrée dans le cœur du peuple juif, le fait est que les États-Unis sont devenus le centre du pouvoir sioniste dans le monde d'aujourd'hui.

Ceux qui règnent en maîtres, par la seule force de leur puissance financière, associée à une mainmise sur le monopole des médias, ont fait des États-Unis le mécanisme de mise en place d'un empire mondial, le nouvel ordre mondial dont on rêve depuis si longtemps.

Dans une perspective plus large, l'État d'Israël n'est rien d'autre que le symbole d'un rêve séculaire qui, en réalité, a été réalisé ici même en Amérique - la nouvelle Jérusalem.

-MICHAEL COLLINS PIPER

Introduction

Sémites et antisémites - Le conflit multiséculaire

Bien que la majeure partie du contenu de cet ouvrage soit tirée de livres d'auteurs juifs qui citent la richesse et le pouvoir juifs, voire s'en vantent, la Ligue anti-diffamation (ADL) du B'nai B'rith qualifiera sans aucun doute cet ouvrage d'"antisémitisme", si elle ose même en parler.

D'emblée, précisons que notre propos n'est pas de dire que les Juifs d'Amérique ne méritent pas la richesse massive et sans précédent et le pouvoir conséquent qu'ils ont accumulés (et qui sont documentés dans cet ouvrage).

L'existence d'une richesse et d'un pouvoir juifs considérables n'est pas en cause. Ce qui est en cause, c'est la manière dont la communauté juive a exercé sa richesse et son pouvoir - en collaboration avec un noyau dur d'alliés chrétiens fondamentalistes - en particulier dans le domaine de l'influence sur la politique américaine à l'égard d'Israël et du monde arabe.

La vérité est que deux des grandes tragédies de notre nouveau siècle - l'attentat terroriste du 11 septembre qui a causé la mort de 3 000 Américains et l'invasion américaine inutile et désastreuse de l'Irak qui a entraîné la perte d'innombrables vies et dix fois plus de massacres et de mutilations - sont toutes deux une conséquence directe de la politique américaine au Moyen-Orient. Cette politique a été dictée par le "lobby juif" à Washington et activement encouragée par le monopole des médias américains qui est, à toutes fins utiles, largement détenu par une poignée de familles et d'intérêts financiers qui sont des partisans juifs d'Israël.

Combien de tragédies de ce type se produiront encore parce que les Juifs américains ont accumulé tant de pouvoir et l'ont utilisé pour infléchir la politique américaine d'une manière si paroissiale, en forçant les élus et les fonctionnaires américains à mettre en œuvre des politiques qui, le plus souvent, sont contraires aux intérêts de l'Amérique ? Combien d'innocents devront encore mourir ? Combien de temps encore un groupe d'intérêt influent continuera-t-il à dominer la politique étrangère des États-Unis ?

Ces questions très sérieuses démontrent à elles seules pourquoi une étude sur la richesse et le pouvoir dont s'est emparée l'élite juive en Amérique est tout à fait acceptable et logique dans le cadre d'un débat public, en dépit de ce que les diaboliseurs bien financés et souvent hystériques de l'ADL pourraient dire au contraire.

Il est certain que l'influence juive ne se fait pas sentir uniquement dans le domaine de la politique étrangère. L'influence des organisations juives dans l'élaboration de la politique d'immigration américaine moderne (et la plus désastreuse) a été primordiale.

Il en va de même pour l'influence juive sur des questions telles que la séparation de l'Église et de l'État et l'institution de mesures de "contrôle de la pensée" qui empiètent sur les libertés du premier amendement. L'éventail des questions est infini.

Cependant, ceux qui soulèvent des questions sur l'influence juive sont évidemment accusés d'"antisémitisme", ce qui est toujours préjudiciable.

Et - du moins dans le passé - ceux qui ont été affublés de cette vilaine étiquette ont dû faire face aux formes les plus flagrantes de censure et d'opprobre publics, sans parler des sanctions économiques et, plus d'une fois, des actes de terrorisme, ce dernier point n'étant pas surprenant si l'on considère que le terrorisme moderne trouve ses origines dans les activités des organisations dites de "défense" juives qui ont chassé les Britanniques de la Palestine avant la création d'Israël en 1948.

Toutefois, ces dernières années, si l'on en croit des groupes tels que l'ADL, l'antisémitisme progresse à pas de géant. Au cours des dernières années, des dizaines de livres et des milliers d'articles de magazines ont évoqué le spectre d'un "nouvel antisémitisme".

Même le très estimé Webster's Dictionary a élargi la définition de l'antisémitisme pour y inclure "l'opposition au sionisme" et "la sympathie pour les opposants à Israël", deux catégories qui englobent probablement des milliards de personnes sur toute la surface de la planète.

À cet égard, il n'est peut-être pas étonnant qu'il y a quelques années, avant même la prétendue "flambée" du "nouvel antisémitisme", la chanson la plus populaire en Israël était "The Whole World Is Against Us" (Le monde entier est contre nous), reflétant un état d'esprit pour le moins révélateur.

Le fait est que le thème de l'"antisémitisme", dont l'ADL a si largement profité, est devenu si fatigué et usé qu'il semble désormais - si l'on en croit l'ADL - que pratiquement tout le monde est antisémite (ou du moins potentiellement antisémite) !

L'histoire montre qu'un large éventail de personnes ont été accusées par l'ADL - ou par des "chasseurs de haine" du même acabit tels que le Centre Simon Wiesenthal - d'être "antisémites" et/ou de ne pas soutenir suffisamment les revendications du peuple juif et, à une époque plus moderne, de l'État d'Israël. Et nous ne parlons pas ici d'Adolf Hitler ! La liste des personnes accusées d'"antisémitisme" est en effet impressionnante et constitue pratiquement un catalogue de certains des personnages les plus respectés de leurs époques respectives. Cette liste n'est certes pas exhaustive, mais elle est représentative.

Tout d'abord, il existe une longue liste d'anciens fonctionnaires de ces dernières années - libéraux et conservateurs confondus - qui ont été qualifiés d'"antisémites", accusés d'avoir tenu des propos "antisémites" ou accusés d'hostilité à l'égard du "petit Israël". Parmi les accusés figurent des noms éminents tels que :

- Président Richard Nixon	- Président John F. Kennedy
- Président Jimmy Carter	- Président George H. W. Bush
- Président Gerald Ford	- Président Harry Truman
- Sénateur Robert F. Kennedy (D-N.Y.)	- Sénateur J. William Fulbright (D-Ark.)
- Sénateur Charles Percy (R-Ill.)	- Sénateur Jim Abourezk (D-S.D.)
- Sénateur Adlai Stevenson (D-Ill.)	- Sénateur Ernest F. Hollings (D-S.C.)

- Rep. Paul Findley (R-Ill.)
- Rep. Ed Zshau (R-Calif.)
- Rep. Mervin Dymally (D-Calif.)
- Rep. John R. Rarick (D-La.)
- Rep. Jim Traficant (D-Ohio)
- Bill Scranton, ambassadeur des Nations unies
- Gouverneur John B. Connally (D-Texas)
- Secrétaire à la défense Caspar Weinberger
- Rep. Pete McCloskey (R-Calif.)
- Mary Rose Oakar (D-Ohio)
- Rep. Gus Savage (D-Ill.)
- Rép. Steve Stockman (R-Texas)
- Rep. Earl Hilliard (D-Ala.)
- Ambassadeur des Nations unies Andrew Young
- Secrétaire à la défense James Forrestall
- Secrétaire d'État James Baker

Au moins trois membres actuels du Congrès (depuis les élections de 2004) ont été victimes de l'accusation d'"antisémitisme" à un moment ou à un autre :

- Rep. Fortney "Pete" Stark (D-Calif.)
- Rep. Cynthia McKinney (D-Ga.)
- Sénatrice Hillary Rodham Clinton (D-N.Y.)

Oui, même Hillary ! Et rappelez-vous que lors de la campagne présidentielle de 2004, l'ancien gouverneur du Vermont, Howard Dean, dont la femme est juive, a été soupçonné de ne pas être très loyal envers les intérêts d'Israël.

En conséquence, Dean a vu sa campagne présidentielle acharnée sabotée lors des caucus de l'Iowa par - selon le journal juif *Forward - une* participation importante des électeurs juifs en faveur du sénateur John Kerry (D-Mass.) dont la propre campagne était, jusqu'à ce moment-là, en perte de vitesse.

L'élite juive ne pouvait tout simplement pas accepter l'idée qu'un politicien franc-tireur comme Dean - qui s'est opposé à la guerre en Irak que les principales organisations juives américaines (et Israël) ont soutenue - puisse être à portée de main pour remporter l'investiture du parti démocrate à l'élection présidentielle.

D'où le passage à Kerry qui, comme nous le savons maintenant, est lui-même d'origine juive.

Dans le passé, en dehors des hommes politiques, des personnalités militaires américaines assez connues ont été accusées d'être "antisémites" ou hostiles à l'État d'Israël. Il s'agit notamment des personnalités suivantes :

- Général George Patton

- Général George C. Marshall

- Général George Stratemeyer

- Général Albert Wedemeyer

- Général George V. Strong (chef du renseignement militaire - 1942-45)

- Général de division George Moseley (Chef d'état-major adjoint de l'armée américaine)

- Col. Sherman Miles (Chef du renseignement militaire)

- Général George Brown (Président de l'état-major interarmées)

- Adm. Thomas Moorer (Président de l'état-major interarmées)

- Général Pedro Del Valle (Marines américains)

Ces dernières années, plusieurs artistes, personnalités littéraires, commentateurs et autres - dont au moins un rabbin juif et un journaliste juif - ont également été accusés d'"antisémitisme" ou d'hostilité à l'égard d'Israël, sous une forme ou une autre. Il s'agit notamment de :

- Mel Gibson	- Marlon Brando
- Michael Jackson	- Steve Carlton
- Gore Vidal	- Robert Mitchum
- Mark Lane	- Alfred Lilienthal
- Rabbin Elmer Berger	- Billy Graham
- Mike Wallace ("Sixty Minutes")	- Peter Jennings ("ABC News")

Plusieurs dirigeants noirs ont également été accusés (ou soupçonnés) d'être "antisémites". Il s'agit notamment de :

- Martin Luther King
- Ministre Louis Farrakhan
- Le révérend Jesse Jackson
- Malcolm X

Il est à noter que le 28 avril 1993, le *San Francisco Weekly* a rapporté qu'un ancien responsable de l'ADL, Henry Schwarzschild, avait révélé que King était l'une des personnes régulièrement surveillées par l'ADL, qui remettait ensuite le fruit de son travail au FBI.

En fait, alors que le FBI espionnait le révérend King, l'ADL faisait de même, considérant King comme un "électron libre", selon Schwarzschild. Ainsi, même un leader afro-américain estimé des droits civiques n'était pas à l'abri des soupçons de l'ADL !

La vérité est que toute personne - je répète toute personne - qui a un point de vue substantiel sur un sujet quelconque et qui choisit de l'exprimer dans un forum public est considérée comme faisant l'objet d'une surveillance par l'ADL, qui agit en tant que "police de la pensée" officieuse pour l'élite sioniste américaine.

Commencer à dresser la liste des dirigeants mondiaux non américains qui ont été accusés d'antisémitisme (au sens de la définition Webster du terme) serait un peu long, même si l'ancien Premier ministre malaisien de renommée mondiale, le Dr Mahathir Muhammed, est probablement l'un des plus connus de ceux qui ont été victimes de cette campagne de dénigrement. Et il n'est que l'un des noms respectés qui ont récemment fait l'objet de cette accusation.

La liste des personnalités du passé accusées d'"antisémitisme" mérite d'être citée. La liste comprend des écrivains, des philosophes, des artistes, des compositeurs et des inventeurs tels que.. :

- Walt Disney
- Charles A. Lindbergh
- H. L. Mencken
- Nathaniel Hawthorne
- Lord Byron
- Henry James
- Thomas Edison
- Henry Ford
- Theodore Dreiser
- Ernest Hemingway
- Thomas Carlyle
- Henry Adams

- T. S. Eliot
- Washington Irving
- Carl Jung
- Jack Kerouac
- Rudyard Kipling
- D. H. Lawrence
- James Russell Lowell
- Henry Miller
- C. Northcote Parkinson
- Ezra Pound
- George Bernard Shaw
- Richard Wagner
- Robert Louis Stevenson
- George Eliot
- Truman Capote
- F. Scott Fitzgerald
- Percy Shelley
- H. G. Wells
- Franz Liszt
- Somerset Maugham
- Eugène O'Neill
- Sir Walter Scott
- George Sand
- Johannes Brahms
- William Faulkner
- George Orwell

Oh, la liste est longue...

Ainsi, la prochaine fois que vous entendrez quelqu'un accusé d'être "antisémite" (ou quelque chose de ce genre), la personne accusée se trouve en fait en assez bonne compagnie. Il n'y a pas que ces fous de "néo-nazis" en uniformes bizarres qui sont accusés de ne pas être très amicaux envers les sionistes. Ils l'ont même dit à propos de Walt Disney !

Et comme nous l'avons déjà vu, l'élite juive américaine n'a pas beaucoup à se vanter en matière de sectarisme, comme le montre l'histoire peu connue du premier membre juif du Congrès américain, Lewis Levin, que nous avons rencontré dans les premières pages de ce volume. Dans sa lutte pour empêcher les catholiques irlandais d'entrer aux États-Unis, Lewis Levin a été le véritable pionnier du sectarisme en Amérique.

La prochaine fois que votre voisin juif se plaindra d'"antisémitisme", vous pourrez lui parler de Levin.

En effet, ce ne sont pas seulement "les pauvres Juifs persécutés" qui ont souffert, bien que l'on puisse parfois penser le contraire, si l'on se réfère à ce que l'on entend dans les médias, qui proclament souvent que la souffrance juive est "unique". En fait, les élites juives ont contribué à faire souffrir les autres. L'exercice de leur pouvoir et de leur influence n'a pas toujours été bénéfique.

Quoi qu'il en soit, tout ceci étant dit, jetons un coup d'œil à quelques faits froids et durs sur ceux qui règnent en maître dans l'Amérique d'aujourd'hui.

Comme nous le verrons, il ne fait aucun doute que "les pauvres Juifs persécutés" se sont plutôt bien débrouillés en Amérique et c'est pourquoi il n'est pas exagéré d'appeler l'Amérique... La nouvelle Jérusalem.

La "nouvelle élite" américaine

Une vue d'ensemble franche et sympathique de ce sujet des plus difficiles

Le 29 août 1897, le premier congrès sioniste réuni à Bâle, en Suisse, a approuvé une résolution qui déclarait simplement : Le but du sionisme est de créer pour le peuple juif un foyer en Palestine...

Une grande partie du monde voyait d'un bon œil la théorie qui sous-tendait cette résolution, y compris (et peut-être surtout) les éléments antijuifs d'Europe et d'ailleurs qui voyaient dans l'expulsion du peuple juif hors des limites de leurs frontières nationales respectives une solution à ce problème séculaire souvent gentiment appelé dans la littérature "la question juive". On a longtemps oublié - voire supprimé - que parmi les partisans les plus virulents de la création d'un État juif se trouvaient en effet ceux que l'on a fini par appeler les "antisémites".

Finalement, en 1948, un nouvel État sioniste connu sous le nom d'"Israël" a vu le jour en Palestine, mais - comme nous ne le savons que trop bien aujourd'hui - les circonstances entourant la naissance de cette nation ont entraîné des générations de tragédies et de conflits dans la région, des problèmes qui, aujourd'hui, à l'heure où nous écrivons ces lignes, ont littéralement placé le monde entier au bord d'une conflagration nucléaire.

Pourtant, malgré la fondation de l'État sioniste, les sionistes américains s'accrochent de tout cœur à l'Amérique, plutôt que de se réinstaller dans l'État d'Israël et de réaliser le rêve sioniste. En fait, comme le montrent les archives, et c'est le sujet de ce volume, l'Amérique est devenue la nouvelle Jérusalem, le centre de la richesse et du pouvoir sionistes. L'État d'Israël n'est qu'une distraction, une minuscule entité géographique qui peut ou non survivre. En tant que tel, nous voyons maintenant un nouveau centre d'intérêt dans la perspective sioniste. En bref, le sionisme dirige l'Amérique et l'Amérique, sous l'emprise du sionisme (c'est du moins ce qu'il semble aujourd'hui), cherche à diriger le monde.

Il est évident que lorsqu'on aborde une thèse "controversée" comme celle-ci, il convient de citer des sources jugées "respectables" et "responsables". Ainsi, lorsqu'on aborde le sujet très inconfortable du pouvoir sioniste en Amérique et de ses conséquences, il semble plus approprié d'aller directement à la source : l'un des journaux les plus respectés d'Israël.

Le 20 août 2004, le journal israélien *Ha'aretz* a publié un commentaire remarquable d'Avi Beker intitulé "L'âge d'or du judaïsme américain". Beker s'est penché sur la célébration, en septembre prochain, du 350e anniversaire de la fondation de la communauté juive en Amérique, qui a fait couler beaucoup d'encre. Le journal israélien a noté que l'historien Paul Johnson, décrit comme "connu pour sa sympathie envers Israël", avait suggéré que "l'histoire de l'expansion et du renforcement du judaïsme américain au 20e siècle n'est pas moins importante que la création de l'État d'Israël, et l'est même davantage".

Bien que la création d'Israël ait donné au peuple juif une patrie souveraine, *Ha'aretz* affirme que Johnson considère que l'Amérique occupe une place particulière dans l'histoire juive : "La juiverie américaine", dit le journal israélien, "a atteint un statut sans précédent dans le pouvoir qu'elle s'est acquis de façonner la politique de la première puissance mondiale".

Ha'aretz écrit : "Il n'y a pas de précédent d'une intégration aussi profonde dans tous les domaines de la vie, et d'une influence politique aussi grande que celle des juifs américains.... Il est désormais clair que les 350 années d'exil juif en Amérique marquent un âge d'or jamais connu dans l'histoire juive."[1]

Et voilà... les pages de l'un des journaux les plus influents d'Israël. Il ne s'agit pas des "élucubrations" d'un "antisémite fou". Il s'agit d'un

---

[1] Citations tirées de *Ha'aretz*, 20 août 2004. Article d'Avi Beker.

journal juif, publié en Israël, qui salue l'ascension de la communauté juive en Amérique.

En quoi consiste donc précisément cette extraordinaire influence juive ? Quel est le pouvoir de la communauté juive dans la vie américaine ? Comme certains le disent, "les Juifs contrôlent-ils l'Amérique" ? Dans ce volume, nous présenterons une grande variété de documents - provenant en grande partie de sources juives - qui fourniront au lecteur les informations dont il a besoin pour juger par lui-même.

En 1937, le dénonciateur Ferdinand Lundberg a fait sensation avec un livre intitulé *America's Sixty Families (Les soixante familles d'Amérique)*. Son livre était la première étude approfondie de l'accumulation croissante de vastes richesses et de l'influence d'un petit groupe d'Américains - dont beaucoup étaient des familles mariées ou liées entre elles par des relations d'affaires - qui en étaient venus à dominer la république américaine.

Lundberg a ouvert ce volume en faisant une affirmation qui, tout en étant tout à fait vraie, a ouvert les yeux des lecteurs américains sur une réalité que peu d'entre eux avaient peut-être reconnue :

Aujourd'hui, les États-Unis sont détenus et dominés par une hiérarchie composée des soixante familles les plus riches, soutenues par pas plus de quatre-vingt-dix familles moins riches.

En dehors de ce cercle ploutocratique, il y a peut-être trois cent cinquante autres familles, moins définies en termes de développement et de richesse, mais qui représentent la majeure partie des revenus de 100 000 dollars ou plus qui ne reviennent pas aux membres du cercle restreint.

Ces familles sont le centre vivant de l'oligarchie industrielle moderne qui domine les États-Unis, fonctionnant discrètement sous une forme de gouvernement démocratique de *jure*, derrière laquelle un gouvernement de *facto*, absolutiste et ploutocratique dans ses lignes, a progressivement pris forme depuis la guerre civile.

Ce gouvernement de fait est en réalité le gouvernement des États-Unis - informel, invisible, obscur. C'est le gouvernement de l'argent dans une démocratie du dollar.

Sous leurs doigts avides et en leur possession, les soixante familles détiennent la nation la plus riche jamais façonnée dans l'atelier de l'histoire...

Les grands propriétaires américains d'aujourd'hui dépassent historiquement la fière aristocratie qui entourait Louis XIV, le tsar Nicolas, l'empereur Guillaume et l'empereur François-Joseph, et exercent un pouvoir bien plus grand.[2]

À l'époque où Lundberg écrivait, il existait un solide noyau de richesses juives substantielles parmi les "soixante familles" répertoriées. Parmi les 60 familles classées par Lundberg en fonction de leur richesse, les Guggenheim, célèbres dans le domaine de la fonte et du cuivre, figuraient au 13e rang, suivis de près par les familles de banquiers suivantes : les Lehman au 18e rang, les Warburg au 26e, Mortimer Schiff au 44e, George Blumenthal de Lazard Freres au 48e, le magnat des grands magasins Michael Friedsam au 50e, suivi de Julius Rosenwald, de Sears & Roebuck, au 58e. Le banquier, profiteur de guerre et "arrangeur" politique en coulisses Bernard M. Baruch est arrivé à la 59e place, se hissant de justesse parmi les "Soixante familles d'Amérique", comme l'a surnommé Lundberg.[3]

Les temps ont changé, cependant, et la richesse et l'influence juives ont pris de l'ampleur, mais elles sont restées un sujet dont on ne parlait pas, à l'époque comme aujourd'hui.

Le livre de Lundberg reste aujourd'hui un ouvrage de recherche précieux pour les étudiants en histoire américaine. Mais attention : Lundberg était tout naturellement, et nous pouvons comprendre pourquoi, plutôt enclin à minimiser le rôle significatif que les intérêts juifs jouaient au sein de la ploutocratie américaine et de sa domination sur les affaires politiques, économiques et sociales des États-Unis. Pourtant, son travail a fait date, quels que soient ses défauts.

---

[2] Ferdinand Lundberg. *Les soixante familles d'Amérique*. (New York : Halcyon House edition, 1939), pp. 3-4.

[3] *Ibid*, pp. 26-27.

En 1968, Lundberg est revenu avec une suite à *America's Sixty Families*. Ce nouveau volume, intitulé *The Rich and the Super-Rich (Les riches et les super-riches)*, donne un aperçu de la situation actuelle dans le monde secret des super-riches. Dans *The Rich and the Super-Rich*, Lundberg dresse un bilan plutôt intéressant de la situation :

La plupart des Américains - citoyens du pays le plus riche, le plus puissant et le plus imprégné d'idéal au monde - ne possèdent, dans une très large mesure, rien de plus que leurs biens ménagers, quelques gadgets rutilants tels que des automobiles et des téléviseurs (généralement achetés sur un plan de paiement échelonné, souvent d'occasion) et les vêtements qu'ils portent. Une horde, voire une majorité d'Américains, vit dans des cabanes, des taudis, des taudis, des ruines victoriennes d'occasion, des immeubles branlants et des immeubles d'habitation miteux. .... Dans le même temps, une poignée d'Américains est dotée de moyens extravagants, comme les princes des contes des Mille et une nuits.[4]

Bien que Lundberg ait eu raison dans son évaluation globale, il s'est trompé sur un point essentiel : L'élite d'aujourd'hui : Ce sont des princes, mais ils ne sont pas arabes.

Les médias américains parlent de la richesse des cheiks arabes et des richesses pétrolières du Moyen-Orient, mais la richesse accumulée par la communauté juive américaine - et l'influence politique qui en découle dans toutes les grandes villes (et certainement dans les petites villes et villages d'Amérique) - éclipse celle de ces princes arabes.

La "nouvelle élite" américaine d'aujourd'hui est incontestablement constituée des riches et puissantes familles juives qui, contrairement aux Rockefeller, aux Morgan, aux Roosevelt, aux Kennedy, aux Vanderbilt et aux autres "princes" des époques précédentes, ont un profil public considérablement plus bas que l'élite païenne du passé.

S'il est admis, dans une certaine mesure, qu'il existe un puissant "lobby israélien" dans le Washington officiel, parfois même appelé "lobby juif"

---

[4] Ferdinand Lundberg. *Les riches et les super-riches*. (New York : Lyle Stuart, 1968), p. 1.

par des personnes moins prudentes, l'image publique de ce lobby est celle d'un lobby exclusivement dévoué aux intérêts de l'État d'Israël.

Les journaux juifs discutent librement de la question de l'influence de la communauté juive et de son impact sur la politique étrangère des États-Unis, mais même les journaux et magazines dits "grand public" se penchent parfois sur le sujet.

"Oui, disent-ils, le lobby israélien est puissant, mais ce n'est qu'un lobby parmi d'autres, comme le lobby des armes à feu ou l'American Association of Retired Persons.

Les Juifs américains ont autant le droit de faire du lobbying en faveur d'Israël que les Grecs-Américains et les Arabes-Américains ont le droit de faire du lobbying pour des causes autour desquelles leurs propres communautés se rassemblent". De nombreux ouvrages ont été écrits sur la puissance du lobby israélien, et nier l'influence de ce lobby relève d'un politiquement correct débridé.

Ce dont peu d'Américains sont conscients, cependant, et que la communauté juive préférerait garder secret, c'est le poids financier, culturel et social croissant de la communauté juive américaine. Bien qu'il y ait certainement beaucoup de Juifs pauvres, la vérité est que les Juifs américains sont en train d'émerger - s'ils n'ont pas déjà gagné le titre - comme des prétendants au titre de "l'élite américaine", sans exception. Ils sont la "nouvelle élite américaine".

Les Juifs américains sont en effet les équivalents modernes des princes des contes des Mille et une nuits. Et si les "princes" (et "princesses") juifs ne constituent peut-être pas une majorité, en *soi*, des milliardaires ou des super-riches du célèbre "*Forbes* 400", leur richesse combinée rivalise certainement avec celle de l'élite non juive (et même, très probablement, la dépasse).

En fait, les élites juives sont plutôt liées par leur dévouement aux intérêts juifs, comme le confirment souvent les sources citées dans ces pages.

Il est difficile d'évaluer la richesse ou l'"influence" (quelle qu'elle soit), mais les faits rassemblés dans ces pages démontrent, sans l'ombre d'un doute, que l'élite juive américaine - la nouvelle élite américaine -

possède une richesse et une influence qui dépassent de loin son nombre, et ce à de très nombreux égards.

La reconnaissance du pouvoir juif - ou, si l'on ose dire, le "rejet" du pouvoir juif - est une affaire bipartisane. Un grand nombre d'élus américains bien connus et d'autres décideurs politiques ont été entendus faire des commentaires francs sur le pouvoir juif :

James Baker, secrétaire d'État du président George Bush, aurait déclaré à un collègue lors d'une discussion confidentielle : "On s'en fout des Juifs. De toute façon, ils ne votent pas pour nous". Ces mots ont été publiés sur le site en tant que titre d'un journal israélien qui, comme on pouvait s'y attendre, l'a dépeint comme un antisémite. Mais Baker se faisait involontairement l'écho d'autres personnes. Au cours du débat sur les AWACS, Gerald Ford a été sollicité par la Maison Blanche de Reagan. Lors d'une conversation téléphonique avec un sénateur républicain qui avait été débusqué (lors d'un dîner avec des dirigeants juifs, mais Ford ne le savait pas), l'ancien président a demandé : "Allons-nous laisser ces putains de Juifs diriger la politique étrangère américaine ? À son tour, Ford s'est fait l'écho du président Carter qui, au printemps 1980, avait déclaré à certains de ses plus proches collaborateurs : "Si je reviens, je vais baiser les Juifs."[5]

À la lumière de la remarque de Carter, il n'est pas surprenant d'apprendre que William Rubenstein, un sociologue pro-sioniste de droite, a rapporté qu'"une source très bien placée" lui a dit que "75 pour cent" des "dirigeants des organisations sionistes américaines... ont soutenu Reagan plutôt que Carter".[6]

Dans le même ordre d'idées, compte tenu du fait que les démocrates libéraux et les républicains conservateurs ont parfois trouvé un terrain d'entente pour soulever des questions sur le pouvoir juif, nous pourrions

---

[5] Geoffrey Wheatcroft. *La controverse de Sion : Jewish Nationalism, the Jewish State, and the Unresolved Jewish Dilemma (La controverse de Sion : le nationalisme juif, l'État juif et le dilemme juif non résolu).* (Reading, Massachusetts : Addison-Wesley Publishing Company, 1996), p. 299.

[6] *The Left, the Right and the Jews* de Rubenstein, cité dans Lenni Brenner. *Jews in America Today.* (Seacaucus, New Jersey : Lyle Stuart, 1986), p. 128.

également rappeler le commentaire du célèbre écrivain H. G. Wells, qui a fait remarquer que : "Il y a place pour des recherches très sérieuses sur la question de savoir pourquoi l'antisémitisme émerge dans chaque pays où résident des Juifs" : "Il y a matière à mener des recherches très sérieuses sur la question de savoir pourquoi l'antisémitisme émerge dans tous les pays où résident les Juifs.[7]

Entre-temps, les principaux médias américains, qui sont, comme nous le verrons - selon des sources juives - largement dominés par les Juifs, se sont concentrés sur "l'argent asiatique" dans les élections américaines. C'est devenu un véritable "scandale" et du grain à moudre pour les médias. De vieux stéréotypes anti-asiatiques, du type de ceux qui étaient populaires pendant la guerre des États-Unis contre le Japon, entrent à nouveau librement en jeu.

Malgré cela, les groupes autoproclamés "anti-haine", tels que la Ligue anti-diffamation (ADL), n'ont pas eu grand-chose à dire à ce sujet. Peut-être est-ce précisément parce que l'ADL aime que l'accent soit mis sur "l'argent asiatique".

Et il y a une raison à cela : Les Américains d'origine asiatique (qu'ils soient natifs ou naturalisés) disent tranquillement (mais les médias n'en parlent pas) que le véritable scandale de l'"argent étranger" ne concerne pas l'argent asiatique, mais l'influence lourde de l'argent de la communauté juive américaine obsédée par Israël et des juifs américains vivant en Israël (sans parler des Israéliens eux-mêmes) qui veulent influencer la politique étrangère des États-Unis à l'égard d'Israël.

Dans le numéro du 29 janvier 1996 du magazine *New York*, l'écrivain Philip Weiss - qui proclame haut et fort son héritage juif - souligne que la discussion sur le rôle de l'argent juif dans la politique est perçue comme politiquement incorrecte. Weiss l'a dit sans ambages : "Lorsque la NRA exerce un pouvoir politique, c'est un sujet brûlant. Lorsque l'argent juif joue un rôle, en parler est antisémite".[8]

---

[7] Cité dans Wheatcroft, pp. 340-341.

[8] *New York* magazine, 29 janvier 1996.

Cela ne fait aucun doute : Il s'agit d'un véritable poids politique. L'argent et le pouvoir juifs exercent une influence très réelle sur la vie américaine.

Mais comme nous le verrons, l'influence juive en Amérique va bien au-delà de ce que l'on appelle généralement "le lobby israélien" ou "le lobby juif" (lorsqu'on parle de l'impact de l'argent et du lobbying juifs sur l'élaboration de la politique étrangère des États-Unis). L'influence juive est bien plus importante que cela, et c'est le secret politique le plus explosif dans les affaires politiques et culturelles américaines aujourd'hui.

Les conséquences possibles de cet immense pouvoir juif en Amérique ont été abordées de front par l'historien juif Benjamin Ginsberg dans son remarquable ouvrage, *The Fatal Embrace : Jews and the State (L'étreinte fatale : les Juifs et l'État),* dans lequel Ginsberg aborde la question :

"Comment se fait-il qu'à tant d'époques et dans tant d'endroits différents, les Juifs aient acquis un statut, une richesse et un pouvoir considérables pour ensuite être rejetés, chassés, ou pire encore ?[9]

Ginsberg explique que ses propres recherches l'ont convaincu que la célèbre philosophe et écrivaine juive Hannah Arendt avait raison d'affirmer que l'ascension et la chute historiques et répétées du peuple juif pouvaient être mieux comprises en examinant la relation traditionnelle entre les Juifs et les États-nations dans lesquels ils vivaient. Selon Ginsberg : Les Juifs recherchaient souvent la protection de l'État. Pour leurs propres besoins, les dirigeants étaient souvent heureux d'accueillir les Juifs en échange des services qu'ils pouvaient leur fournir.

La relation entre les Juifs et les États a eu des conséquences importantes et a permis de construire ou de renforcer certains des États les plus importants du monde moderne.

---

[9] *Benjamin Ginsberg.* L'étreinte fatale : Jews and the State. (Chicago : University of Chicago Press, 1993), p. ix.

En outre, cette relation a parfois permis aux Juifs d'acquérir un grand pouvoir. Cependant, leur relation avec l'État a également exposé les Juifs à de nouvelles haines et de nouveaux antagonismes. Pour les Juifs, dans certaines circonstances, l'adhésion à l'État s'est avérée fatale. Ces considérations n'ont pas qu'un intérêt historique.

Ils sont également essentiels pour comprendre le passé - et l'avenir potentiel - des Juifs en Amérique.[10]

D'où le titre du livre de Ginsberg et ce à quoi il fait référence : "l'étreinte fatale" de l'État - la nation et ses mécanismes de pouvoir politique - par les Juifs dans le cadre de l'accumulation de vastes richesses.

Ginsberg a résumé le dilemme dans lequel se trouvent les juifs américains et leurs concitoyens non juifs en raison de l'influence croissante du pouvoir juif en Amérique. Ses paroles sont vraiment profondes. Ginsberg écrit Bien que les Juifs aient appris à ressembler aux autres Américains, à parler comme eux et à s'habiller comme eux, ils ne sont pas totalement assimilés, ni dans leur propre esprit, ni aux yeux de leurs voisins..... Pour aggraver les choses, les Juifs se considèrent souvent, secrètement ou non, comme moralement et intellectuellement supérieurs à leurs voisins.

En effet, les Juifs sont des outsiders extrêmement performants qui ont parfois l'audace de s'en prendre aux autres.[11]

Dans ce contexte, il convient d'examiner la manière dont Ginsberg a résumé, pour sa part, les multiples aspects du pouvoir juif en Amérique. Son aperçu nous donne un point de départ sur lequel nous pouvons construire et examiner en détail la nature spécifique du pouvoir juif en Amérique. Ginsberg écrit :

Depuis les années 1960, les Juifs ont acquis une influence considérable dans la vie économique, culturelle, intellectuelle et politique des États-Unis. Les Juifs ont joué un rôle central dans la finance américaine au

---

[10] *Ibid*, p. ix.

[11] *Ibid*, pp. 8-9.

cours des années 1980, et ils ont été parmi les principaux bénéficiaires des fusions et réorganisations d'entreprises de cette décennie.

Aujourd'hui, bien qu'à peine 2% de la population du pays soit juive, près de la moitié des milliardaires sont juifs.

Les directeurs généraux des trois grandes chaînes de télévision et des quatre plus grands studios de cinéma sont juifs, tout comme les propriétaires de la plus grande chaîne de journaux du pays et du journal le plus influent, *le New York Times*.

À la fin des années 1960, les Juifs constituaient déjà 20% du corps professoral des universités d'élite et 40% des professeurs des écoles de droit d'élite ; aujourd'hui, ces pourcentages sont sans doute plus élevés.

Le rôle et l'influence des Juifs dans la politique américaine sont tout aussi marqués. Les Juifs sont élus à des fonctions publiques en nombre disproportionné.

En 1993, dix membres du Sénat des États-Unis et trente-deux membres de la Chambre des représentants étaient juifs, soit trois à quatre fois leur pourcentage dans la population générale.

Les Juifs sont encore plus présents dans les organisations politiques et dans le domaine financier. Une étude récente a montré que dans vingt-sept des trente-six campagnes pour le Sénat des États-Unis, l'un des candidats ou les deux ont fait appel à un président de campagne ou à un directeur financier juif.

Dans le domaine du lobbying et du contentieux, les Juifs ont organisé ce qui a été pendant de nombreuses années l'une des organisations d'action politique les plus performantes de Washington, l'American Israel Public Affairs Committee (AIPAC), et ils jouent un rôle de premier plan dans des groupes d'intérêt public aussi importants que l'American Civil Liberties Union (ACLU) et Common Cause. Plusieurs Juifs ont également joué un rôle très important dans la campagne présidentielle démocrate de 1992.

Après la victoire des démocrates, le président Clinton a nommé un certain nombre de Juifs à des postes importants de son administration.

Leur rôle dans les institutions économiques, sociales et politiques américaines a permis aux Juifs d'exercer une influence considérable sur la vie publique du pays. L'indicateur le plus évident de cette influence est l'aide militaire et économique directe de 3 milliards de dollars fournie chaque année à Israël par les États-Unis et, d'ailleurs, le même montant accordé à l'Égypte depuis qu'elle a accepté de maintenir des relations pacifiques avec Israël.

Le fait que les trois quarts du budget américain d'aide à l'étranger soient consacrés aux intérêts sécuritaires d'Israël est un hommage considérable aux prouesses de l'AIPAC en matière de lobbying et à l'importance de la communauté juive dans la politique américaine...

En règle générale, ce qui peut ou ne peut pas être dit en public reflète la répartition du pouvoir politique dans la société. Au fur et à mesure que les Juifs gagnaient en pouvoir politique, les hommes politiques qui se livraient à des tactiques antisémites étaient qualifiés d'extrémistes et exilés en marge de la politique américaine.

De même, les symboles religieux et les formes d'expression que les Juifs jugent menaçants ont été presque totalement éliminés des écoles et autres institutions publiques.

Les poursuites engagées par l'ACLU, une organisation dont les dirigeants et les membres sont majoritairement juifs, ont abouti à des décisions de tribunaux fédéraux interdisant les prières officielles dans les écoles publiques, les crèches et autres manifestations religieuses dans les parcs et les bâtiments publics.[12]

À ce stade - compte tenu de tout ce que nous avons appris jusqu'à présent - il semble approprié de discuter de la question très réelle : "Pourquoi le poids économique, politique et culturel accumulé par le peuple juif en Amérique a-t-il de l'importance ?

Le fait est qu'il y aura des personnes - à la fois des "Républicains du Country Club" qui vénèrent l'autel de Mammon, et des "libéraux" autoproclamés qui se délectent de la "réussite des minorités", par

---

[12] *Ibid*, pp. 1 et 2.

exemple - qui liront ce mince volume et répondront en disant : "Eh bien, nous vivons dans un pays libre. C'est un hommage au peuple juif qui, grâce à son travail acharné et à son intelligence, est parvenu à ce succès."

À certains égards, il est difficile de contester cette proposition. Toutefois, il convient de souligner que l'accumulation de richesses et de pouvoir politique ne signifie pas qu'un tel conglomérat donne à un groupe ethnique le droit de dominer le système politique d'une nation simplement parce qu'il en a les moyens. Et le fait est que l'élite juive américaine a aujourd'hui les moyens de le faire, et qu'elle n'hésite pas à le faire.

La débâcle actuelle et tragique de l'Amérique en Irak est un exemple frappant de la manière dont ce pouvoir a été exercé.

Nous ne prétendons pas ici que "tous les Juifs d'Amérique" voulaient que les États-Unis envahissent l'Irak au printemps 2002. Bien au contraire, certains des critiques les plus virulents et les plus éloquents de l'intervention américaine en Irak étaient des Juifs américains. Il n'en reste pas moins que, dans l'ensemble, les organisations et les personnes les plus influentes et les mieux placées pour promouvoir la guerre en Irak, par le biais d'efforts de relations publiques, de pressions médiatiques et de pressions politiques directes, étaient des Juifs américains et des organisations juives américaines agissant spécifiquement au nom des intérêts d'Israël.

Ce sujet dépasse largement le cadre de ce livre, mais il a été abordé en détail dans l'ouvrage précédent de l'auteur, *The High Priests of War (Les grands prêtres de la guerre)*. Il suffit de dire que lorsque le représentant américain Jim Moran (D-Virginie) a déclaré franchement qu'à son avis, la communauté juive américaine était suffisamment influente pour arrêter la dérive vers la guerre, il avait tout à fait raison, en dépit de la frénésie médiatique indignée qui a suivi ses remarques.

Il ne fait aucun doute que le pouvoir économique juif n'est pas un sujet limité à l'examen de ce que l'on pourrait appeler grossièrement les "antisémites".

La vérité est que même l'étude la plus superficielle de l'histoire juive se concentre largement sur la richesse et l'influence juives. Par exemple, la maison d'édition new-yorkaise Schocken Books, qui publie des livres d'intérêt juif, a présenté sa publication de 1975, *Economic History of the Jews (Histoire économique des Juifs).*

Dans ce volume volumineux, l'éditeur, Nahum Gross, a souligné, en toute franchise, que, par exemple, "le commerce colonial au début de la période moderne et le courtage et la banque, en particulier la banque d'investissement, à une époque récente, sont des industries hautement oligopolistiques, et leur histoire est en fait l'histoire d'un nombre plutôt restreint de sociétés de premier plan. La délimitation des liens familiaux et des alliances entre ces entreprises est donc tout à fait pertinente, et l'historien juif sera au moins curieux de savoir qui, parmi ces chefs d'entreprise, était juif.[13]

Il n'est donc pas du tout inapproprié d'examiner quels juifs, quelles familles juives et quels intérêts financiers étaient (ou sont) prédominants dans un domaine donné, en dépit des accusations d'"antisémitisme".

En ce qui concerne l'accusation d'"antisémitisme" qui entoure souvent l'examen de la richesse juive, il semble approprié de se référer à l'étude classique de l'historien juif Bernard Lazare sur ce sujet, et en particulier à son enquête sur l'"antisémitisme" stimulé par ce qu'il appelle les "causes économiques". Lazare souligne à juste titre qu'en raison d'une série de facteurs influençant l'antisémitisme au cours de nombreux siècles, les Juifs - précisément à cause de l'antisémitisme - ont été contraints de se regrouper : Le Juif [...] accroît son avantage en s'unissant à ses coreligionnaires dotés de vertus similaires, et augmente ainsi ses pouvoirs en agissant en commun avec ses frères ; le résultat inévitable étant qu'ils distancent leurs rivaux dans la poursuite d'un but commun [...]. Les Juifs sont unis comme un seul homme.

C'est le secret de leur réussite. Leur solidarité est d'autant plus forte qu'elle est très ancienne. Son existence est niée et pourtant elle est indéniable. Les maillons de la chaîne se sont forgés au cours des âges

---

[13] Nachum Gross, Ed. *Economic History of the Jews* (New York : Schocken Books, 1975). [édition de poche de 1976], p. xi.

jusqu'à ce que la fuite des siècles ait rendu l'homme inconscient de leur existence.[14]

Ainsi, nous comprenons peut-être mieux et avec plus de sympathie l'origine de l'esprit de clan juif - appelons-le "esprit de corps" - qui a permis à un groupe relativement restreint de personnes, assiégées, de développer, en travaillant ensemble, une classe économique puissante, liée par son héritage religieux et culturel. Peut-être l'antisémitisme a-t-il en effet été l'un des moteurs de l'émergence aux États-Unis (et dans le monde entier) d'un groupe de personnes singulièrement influentes.

Il ne fait aucun doute qu'un examen de ce que l'on pourrait appeler la littérature "antisémite" met l'accent sur la puissance économique juive. *La* série désormais célèbre de l'industriel américain Henry Ford, *The International Jew*, vient immédiatement à l'esprit. L'œuvre de Ford se concentrait sur les tentacules du pouvoir juif dans un large éventail d'arènes économiques et culturelles et a provoqué une grande consternation au sein de la communauté juive. Mais si Ford a été condamné pour ses efforts, il y a eu peu de tentatives pour réfuter les faits spécifiques exposés dans son travail.

Des ouvrages plus récents dits "antisémites", tels que *Jewish Supremacism*, de David Duke, personnalité politique controversée de Louisiane, ne se sont pas tant concentrés sur le pouvoir juif en soi que sur l'idéologie et les enseignements religieux juifs. Le livre de Duke s'appuie presque exclusivement sur des sources juives pour décrire le rôle que les intérêts juifs ont joué dans l'élaboration des affaires mondiales modernes d'un point de vue géopolitique et stratégique. Il a mis en évidence le rôle prééminent des Juifs dans le mouvement bolchevique en Russie, ainsi que la fine fleur de l'influence juive derrière la révolution sociale et culturelle aux États-Unis et en Occident, souvent au détriment des valeurs et des conceptions traditionnelles.

De plus, Duke est allé jusqu'à élargir son étude en examinant de près les enseignements religieux juifs qui ont effectivement lié plus étroitement le peuple juif et, en même temps, creusé des fossés entre lui

---

[14] Bernard Lazare. *Anti-Semitism*. (Londres : Britons Publishing Company, 1967), pp. 168-169.

et les autres. En fin de compte, Duke considère que le peuple juif a recherché ce qu'il appelle le "suprémacisme juif". Bien que le peuple juif ait établi son propre État en Israël, note Duke, il semble déterminé à faire sentir son influence dans le monde entier, estimant lui-même - et le disant dans ses propres écrits - qu'il est suprême.

On ne peut pas lire le livre de Duke - qui est soigneusement documenté - sans conclure que c'est précisément l'idéologie qui sous-tend les dirigeants de la communauté juive en Amérique (et dans le monde) aujourd'hui.

Quelle qu'en soit la cause, l'antisémitisme a effectivement joué un rôle majeur dans la formation de la mentalité du peuple juif. Ils ont effectivement été contraints de prendre la position (ou d'adopter le statut) d'"outsider" et ont largement choisi de le rester, malgré leur statut d'élite au sein de la société américaine. En tant qu'"outsider", le peuple juif a une vue d'ensemble de la société "étrangère" dans laquelle il évolue et, de ce point de vue, il a été en mesure de déceler des opportunités autrement invisibles pour ceux qui ne peuvent pas, au sens classique du terme, "voir la forêt pour les arbres".

Tout cela a permis, au fil des siècles, à des individus juifs - travaillant au sein d'un réseau juif - d'être à l'avant-garde de la révolution économique et politique et, en conséquence directe, de jouer un rôle majeur en influençant le cours de la société.

Un autre facteur qu'il convient de garder à l'esprit est que les Juifs ont généralement été, presque invariablement (à quelques exceptions près), un peuple urbain, très éloigné de la terre et de l'agriculture. En revanche, toutes les sociétés et tous les peuples européens ne sont guère éloignés de plus d'une, deux ou trois générations de la ferme et de son éthique rurale de construction et de création, d'édification de la civilisation à partir de la nature sauvage.

Ce contraste d'héritage a inévitablement conduit à un conflit entre le peuple juif et les autres, précisément parce que, en vertu de leurs tendances urbaines, les Juifs se sont retranchés dans l'arène financière - prêt d'argent, usure, banque, appelez cela comme vous voulez - et sont ainsi devenus, sans surprise, les arbitres de l'avenir des zones rurales.

Le conflit historique entre l'agriculture et la finance a toujours été un facteur sous-jacent de l'antisémitisme, quel que soit le pays : que ce soit en Allemagne ou aux États-Unis, où le mouvement populiste de la fin du 19e siècle s'est caractérisé par une rhétorique antisémite assez répandue.

Une fois de plus, l'antisémitisme est la conséquence directe de l'opposition des non-Juifs à l'influence juive qui, elle-même, a atteint de nouveaux sommets précisément parce que le peuple juif a formé une "dynamique de groupe" unique que l'on ne retrouve dans aucune autre formation ethnique de la planète de manière aussi florissante. L'antisémitisme, pourrions-nous dire, a, à sa manière, engendré le succès et le pouvoir juifs qui, à leur tour, ont engendré encore plus d'antisémitisme, précisément parce que les Juifs - en tant que groupe - se sont mis en position de façonner (voire de détruire) les non-Juifs dont l'avenir est littéralement entre les mains des courtiers juifs en matière de pouvoir.

À cet égard, nous devons aborder le sujet de "l'Holocauste", c'est-à-dire les événements de la Seconde Guerre mondiale qui ont été continuellement et sans fin commémorés dans des milliers de livres, de films, de chansons, de poèmes, d'émissions de télévision et d'articles de journaux et de magazines, au cours du demi-siècle qui a suivi la fin de la conflagration mondiale qui a entraîné la mort d'innombrables millions de personnes - bien plus que les six millions de Juifs dont on nous a dit qu'ils avaient péri aux mains d'un régime nazi génocidaire.

Bien qu'un mouvement "révisionniste de l'Holocauste" dévoué et en pleine expansion ait fait de grands progrès en soulevant des questions sérieuses sur des faits et des détails spécifiques des événements de cette période connue sous le nom d'"Holocauste" - en grande partie grâce aux efforts de Willis A. Carto et de l'Institute for Historical Review, autrefois très dynamique (détruit par la suite de l'intérieur par des agents travaillant pour des intérêts juifs déterminés à faire taire l'institut), la plupart des gens restent convaincus que les Juifs ont été les seules victimes de ce qui est pratiquement salué comme "la plus grande tragédie de l'histoire", précisément parce qu'il s'agissait d'une tragédie qui aurait visé le "Peuple élu de Dieu". En tant que telle, la sympathie résiduelle pour le peuple juif est grande, mais elle commence à diminuer à mesure que de plus en plus de gens, franchement, sont "fatigués d'entendre parler de l'Holocauste" et prennent conscience des efforts actuels des revues historiques révisionnistes telles que *The Barnes Review*, qui n'a pas craint d'aborder le sujet.

La répétition constante - presque cultuelle - de l'histoire de l'Holocauste est en train de devenir (et certains dirigeants juifs n'ont pas craint de le dire) une partie presque intégrante de la "pensée de groupe" juive et, en conséquence directe, est incorporée, à bien des égards, dans la religion juive elle-même.

C'est là un autre aspect de la mentalité juive qui rend le peuple juif unique. Bien que des douzaines - peut-être des centaines - d'autres groupes ethniques, de sectes et de peuples aient été soumis à leurs propres "holocaustes" au cours de l'histoire, seul le peuple juif a été aussi dévoué à la commémoration de ses propres désastres. En même temps, le peuple juif (de manière organisée) a continué à utiliser "l'Holocauste" (et d'autres tragédies, réelles ou imaginaires) comme un mécanisme permettant d'imposer des exigences au monde dans son ensemble. Après tout, n'est-ce pas la raison pour laquelle l'État d'Israël a été créé - comme moyen d'expier les pertes juives pendant la Seconde Guerre mondiale ?

Il est certain qu'en fin de compte, le débat sur les causes et les effets de la question de l'antisémitisme - ou du "problème juif" tel qu'il a été connu tout au long de l'histoire - comporte de nombreux aspects qui dépassent de loin le cadre de cet ouvrage. Certains "antisémites" pourraient même affirmer que nous avons été beaucoup trop compatissants à l'égard du peuple juif et pas assez conscients des activités et des attitudes juives qui ont créé le phénomène de l'antisémitisme. Mais il s'agit là d'un débat pour un autre lieu et un autre moment.

Ainsi, pour ce qui nous concerne ici, il suffit de dire que, quelle que soit l'origine ultime de la suprématie juive (au moins dans les sphères d'influence économiques, culturelles et politiques aux États-Unis), c'est un fait qui ne peut être nié. La vérité de la suprématie juive en Amérique se trouve dans d'innombrables volumes et dans une grande partie de la littérature d'écrivains juifs qui peuvent difficilement être classés comme "antisémites".

En gardant cela à l'esprit, allons de l'avant et examinons ce que les universitaires et les autorités juives disent du pouvoir juif en Amérique. En guise de préface, nous incluons toutefois les documents suivants, pertinents pour notre étude :

- Aperçu du désormais célèbre scandale "Enron". Alors que les médias ont fait grand cas de cette débâcle, même l'examen le plus superficiel d'Enron révèle des aspects cachés du pouvoir sioniste en Amérique, ne serait-ce que parce que la "connexion juive" avec Enron reste l'un des plus grands secrets de notre époque ;

- Une étude de la remarquable affaire INSLAW - un scandale qui a démontré le pouvoir brutal du lobby sioniste dans la manipulation du département de la justice des États-Unis et du système judiciaire fédéral.

- Profil de la "famille royale" américaine, les Bronfman, qui sont, sans conteste, la plus puissante et la mieux établie des familles juives qui règnent en maître sur l'Amérique d'aujourd'hui. Satellites "coloniaux" de la première heure de l'empire Rothschild établi de longue date en Europe, les Bronfman constituent la face souvent hideuse du pouvoir sioniste en Amérique.

- Ensuite, nous explorerons des détails tout aussi sordides concernant deux grands empires médiatiques américains dont l'influence considérable personnifie la vaste portée de l'élite sioniste qui dirige le monopole des médias.

- En guise d'intermède intéressant, nous nous pencherons sur l'histoire méconnue de Donald Trump, le flamboyant magnat de l'immobilier et des casinos.

Bien qu'il ne soit pas juif, l'histoire montre que Trump doit sa célébrité et sa fortune au patronage de quelques puissantes fortunes sionistes.

- Suit un vaste aperçu des noms, des visages et des intérêts financiers des familles juives connues (et moins connues) dont l'accumulation de richesses et de pouvoir est stupéfiante. C'est la première fois (en dehors d'un petit magazine lu uniquement dans les cercles les plus élevés) que ces noms sont publiés en un seul endroit - et il s'agit en effet d'un résumé révélateur.

En conclusion, nous atteignons enfin le cœur de ce volume, son fondement même - des faits et des chiffres froids et durs sur la réalité du pouvoir sioniste en Amérique. Les détails présentés parlent d'eux-mêmes. Il n'est pas "antisémite" ou "antijuif" de présenter ces faits, d'autant plus que les sources d'information sont (à une exception près) exclusivement juives. Et - à l'exception peut-être de Lenni Brenner - aucune des sources tout à fait respectables citées n'est ce que les critiques sionistes ont appelé des Juifs "se détestant eux-mêmes", un terme qui a été imprudemment appliqué aux Américains juifs qui ont osé soulever des questions sur les méfaits de l'Israël sioniste, comme l'a fait Brenner.

Bien entendu, de nombreuses personnes seront très mal à l'aise à la lecture de cet ouvrage, mais c'est uniquement parce qu'elles ont été victimes de ce que l'on a appelé le "politiquement correct".

La vérité est que les journaux et les magazines juifs discutent librement et ouvertement - et se vantent même du pouvoir juif en Amérique. Les non-Juifs ont maintenant l'occasion de voir précisément ce dont ces sources juives se sont vantées.

Toutes ces richesses matérielles - comme le prétendent les philosophes juifs - sont-elles réellement une affirmation de la bénédiction de Dieu sur le peuple juif ?

L'élite sioniste - comme le suggèrent les preuves rassemblées dans ce volume - a-t-elle émergé en tant que "ceux qui règnent en maître" ? Ont-ils finalement fait de l'Amérique la nouvelle Jérusalem ?

Est-ce bon pour l'Amérique ? Est-ce bon pour le monde ? Les non-Juifs peuvent-ils partager cette richesse ?

Existe-t-il une alternative ?

Le lecteur peut - et va - porter un jugement final.

La corruption à l'américaine

ENRON - La connexion sioniste peu médiatisée (mais très importante)

Bien que l'effondrement du géant de l'industrie pétrolière Enron soit apparu comme le premier grand scandale financier et politique du 21 siècle - avec de multiples liens avec les partis démocrate et républicain - le lien juif très central (et essentiel) avec l'affaire Enron est passé largement inaperçu. Comme nous le verrons, certains aspects très intéressants du scandale ont été tenus à l'écart de la scène publique.

À cet égard, le scandale Enron constitue une introduction très appropriée à notre examen général du pouvoir sioniste en Amérique.

Bien que le fait que le cadre d'Enron Andrew Fastow (qui a été condamné, avec sa femme, pour ses méfaits) était juif ait été mentionné dans certains médias - le rabbin de Fastow ayant pris publiquement sa défense - les connexions juives beaucoup plus importantes et explosives autour d'Enron ont été presque uniformément occultées.

Le rôle des Juifs dans l'affaire Enron illustre probablement la manière dont les grands médias suppriment la "connexion juive" dans les grandes affaires de ce type et mérite d'être examiné dans le cadre de notre étude sur le pouvoir juif en Amérique.

Le fait que plus que des politiciens de renom aient reçu de "l'argent sale" provenant de grands noms liés à l'effondrement de la société Enron s'est perdu dans la masse.

Voici une histoire que vous ne lirez nulle part ailleurs.

Si "tout le monde sait" que la désormais célèbre société Enron remplissait les coffres des campagnes électorales des politiciens démocrates et républicains, ce qui n'a pas été rapporté dans les grands médias, c'est que cette société gangrenée par la corruption et ceux qui la soutiennent ont également été les principaux bailleurs de fonds de l'industrie florissante de l'Holocauste (et du lobby israélien) aux États-Unis et en Israël.

En effet, pendant que Kenneth Lay, le président non juif de la société Enron, s'efforçait d'empêcher ses employés (et ses investisseurs) de découvrir l'état lamentable de l'entreprise géante, Lay et sa femme Linda (ainsi qu'Enron elle-même) finançaient un soi-disant "musée de l'Holocauste" à Houston, au Texas.

En fait, selon le numéro du 18 janvier 2002 de *Forward*, l'un des journaux juifs les plus respectés et faisant autorité en Amérique, les Lays et Enron "ont fait don de centaines de milliers de dollars au musée de l'Holocauste de Houston, ce qui représente environ 10% du budget de 3 millions de dollars de l'institution".

La vérité est que Kenneth et Linda Lay étaient tellement liés au musée qu'ils devaient assurer la coprésidence d'honneur du dîner annuel du musée en mars 2002. Mme Lay était en fait membre du conseil d'administration du musée.

Pour sa part, la foule présente au musée a protesté qu'elle ne savait rien des transactions commerciales d'Enron, ce qui est probablement vrai, mais la question reste de savoir si les investisseurs et les employés d'Enron en colère commenceront à exiger que le musée rende l'"argent sale" siphonné par les contributions d'Enron. Mais le lien entre Enron et l'industrie de l'Holocauste est encore plus grand et plus important que cela.

Alors que les médias présentent toujours Enron comme une sorte d'entreprise de "cow-boys texans", la vérité est qu'une famille juive milliardaire peu connue, mais extraordinairement riche, basée à New York, a joué un rôle majeur dans la création d'Enron et a également été le principal bailleur de fonds des activités du musée américain du mémorial de l'Holocauste à Washington.

Bien que le président d'Enron, Kenneth Lay, ait été au centre de l'attention des médias, il est prouvé qu'Enron est en grande partie le fief des héritiers de feu Arthur Belfer, un immigrant d'origine polonaise souvent décrit comme un "survivant de l'Holocauste", bien que Belfer ait quitté la Pologne en 1939. Belfer a débuté comme importateur d'oreillers, puis a commencé à conclure des contrats lucratifs pour la fourniture de sacs de couchage aux forces armées américaines. Il s'est ensuite lancé dans le commerce du pétrole et a fait de Belco Petroleum l'une des plus grandes entreprises industrielles du pays.

Les critiques de la couverture médiatique d'Enron ont noté que, bien que des articles enterrés dans les sections économiques du *Wall Street Journal* et du *New York Times* du 5 décembre 2001 aient souligné le lien entre Belfer et Enron, le nom Belfer a ensuite été relégué à l'arrière-plan, le fonctionnaire Kenneth Lay - essentiellement un "tueur à gages" de la famille Belfer - étant le bouc émissaire du désastre d'Enron.

Alors que le nom de Belfer n'a jamais été mentionné une seule fois dans un grand article de *Newsweek* censé raconter toute l'histoire tragique d'Enron, il se trouve que les héritiers de Belfer étaient (à l'époque où le scandale a éclaté) des acteurs majeurs d'Enron, depuis la vente en 1983 par Arthur Belfer de sa société Belco Petroleum Corp. au prédécesseur d'Enron.

Bien que Belfer soit décédé en 1993, la fondation de la famille Belfer (enrichie par les avoirs désormais controversés de la société Enron) a financé une "Conférence nationale Arthur et Rochelle Belfer pour les éducateurs", qui se tient régulièrement et en grande pompe au musée américain du mémorial de l'Holocauste à Washington.

Deux conférences de ce type étaient prévues pour 2002. Des professeurs de collège et de lycée de tout le pays, spécialisés dans "l'enseignement de l'Holocauste", sont invités par la fondation Belfer au musée de Washington où ils sont formés au processus d'endoctrinement des élèves dans la tradition et la légende de "l'Holocauste".

Ce que l'on ne peut nier - malgré la décision des médias de balayer le nom de Belfer sous le tapis - c'est que les noms "Enron" et "Belfer" sont pratiquement indiscernables.

Le fils d'Arthur Belfer, Robert Belfer, n'est en aucun cas une "partie désintéressée" : il siège au conseil d'administration d'Enron, mais aussi, et surtout, à son comité de direction composé de trois personnes, aux côtés de Lay. Alors que les médias ont mis Robert Belfer à l'écart, il n'est pas raisonnable de suggérer qu'il n'était pas au courant de la situation désastreuse de l'entreprise.

Les archives publiques montrent que l'argent de Belfer a également été largement distribué à des causes juives aux États-Unis et en Israël. Robert Belfer a récemment été élu président du conseil d'administration de l'Albert Einstein College of Medicine de la Yeshiva University de New York, dont lui et son épouse Renee sont depuis longtemps les bienfaiteurs financiers. M. Belfer siège également au conseil d'administration de l'Institut scientifique Weizmann, basé en Israël (un des moteurs du programme secret israélien de développement d'armes nucléaires), et de l'American Jewish Committee, l'un des blocs les plus influents du lobby israélien en Amérique.

Mme Belfer est également membre du conseil d'administration de l'American Friends of the Israel Museum. Les dons des époux Belfer vont très loin : ils contribuent également à Thanks to Scandinavia, une initiative qui rend hommage aux Scandinaves qui ont combattu les puissances de l'Axe pendant la Seconde Guerre mondiale.

Certains ont suggéré qu'en raison des liens étroits entre l'empire Belfer/Enron et l'industrie de l'Holocauste et le lobby israélien, les grands médias ont pris la décision délibérée de "dissocier" le nom Belfer du scandale Enron afin d'épargner tout embarras à l'industrie de l'Holocauste et au lobby israélien, qui se sont distingués par leur notoriété.

Bien qu'il semble que Belfer et sa famille aient subi des pertes importantes dans la débâcle d'Enron, *le Wall Street Journal* a assuré à ses lecteurs que la famille "n'a pas été anéantie financièrement". Selma Ruben, la sœur de Belfer, est mariée à Lawrence Ruben, un promoteur immobilier new-yorkais immensément riche. Une autre sœur, Anita, est décédée récemment. Ses héritiers auraient perdu d'énormes sommes d'argent dans l'affaire Enron.

Ainsi, tandis que les grands médias se penchent sur la question tout à fait hors de propos de savoir si les politiciens républicains ou les politiciens démocrates (ou les deux) sont en quelque sorte responsables de l'effondrement d'Enron, la famille Belfer (et ceux qui, dans l'industrie de l'Holocauste et les causes liées à Israël, ont prospéré grâce aux largesses d'Enron) échappe à l'attention du public.

Compte tenu des liens d'Enron, ce n'est peut-être pas une coïncidence si deux des principales personnalités du Congrès présentées par les médias comme des "enquêteurs" sur Enron sont le représentant Henry

Waxman (D-Calif.) et le sénateur Joseph Lieberman (D-Conn.), deux législateurs connus pour être de fervents défenseurs de la cause d'Israël.

Ainsi, ce bref aperçu du désormais célèbre scandale Enron, qui a fait l'objet d'une couverture médiatique massive, montre qu'il y a bien eu une "connexion juive" cachée qui a été autrement ignorée dans les principaux médias audiovisuels et publiés dans ce pays.

Les résultats définitifs de l'affaire Enron restent à voir, bien sûr, mais le fait même qu'il y ait eu cette connexion juive peu connue qui a été ignorée ou délibérément supprimée est un indicateur très révélateur du fait que le pouvoir sioniste en Amérique est si immense qu'une telle connexion juive reste sous le boisseau.

Dans son livre déjà cité, *The Fatal Embrace,* le professeur juif-américain Benjamin Ginsberg a écrit avec franchise et sans détour sur la fréquence avec laquelle on a trouvé une "connexion juive" dans un certain nombre de grands scandales politiques américains, allant de la légendaire affaire du Crédit Mobilier au XIXe siècle aux intrigues géopolitiques et financières entourant la construction du canal de Panama - sans parler d'une foule d'autres événements de ce type qui font désormais partie de l'histoire des États-Unis.

Et tout cela sans oublier le rôle très clair que les familles juives des États-Unis et du monde entier ont joué dans le commerce transatlantique massif des esclaves africains, un point largement contesté par les organisations juives et les médias, mais documenté de manière approfondie et incontestable dans l'ouvrage de référence, *The Secret Relationship Between Blacks and Jews,* publié par la Nation de l'Islam du ministre Louis Farrakhan.

Bien entendu, si le mot "scandale" n'est pas généralement utilisé, alors qu'il devrait l'être, il ne fait aucun doute que l'influence sioniste a joué un rôle substantiel dans la promotion des mensonges scandaleux proférés par l'administration de George W. Bush pour promouvoir l'invasion américaine de l'Irak au printemps 2003, à la veille même de la fête juive de Pourim, au cours de laquelle les Juifs célèbrent la destruction de leurs ennemis, un type de célébration des plus déplaisants selon les normes habituelles.

Néanmoins, les affirmations manifestement fausses concernant des armes de destruction massive totalement inexistantes, faites par le jeune

Bush et ses conseillers juifs, tels que Paul Wolfowitz, Douglas Feith et Richard Perle, et promues dans les médias par des sionistes intransigeants tels que William Kristol, ont constitué une fraude flagrante à l'égard du peuple américain (et du monde entier).

Pourtant, il est très peu probable que ces coupables - tous les sionistes, juifs et non juifs - soient un jour traduits devant un tribunal et poursuivis pour ces crimes de guerre bien réels.

Et c'est la triste réalité de ce qui se passe lorsque le pouvoir sioniste est devenu si immense que les intérêts du mouvement sioniste sont complètement mêlés aux affaires d'une nation, ce qui entraîne une corruption institutionnelle flagrante et un manque de principes moraux qui gouverne en haut lieu aujourd'hui. Le fait est qu'il y a tout simplement peu de limites - voire aucune - au pouvoir sioniste en Amérique.

S'il n'existe pas de loi exigeant la poursuite et la sanction des fonctionnaires qui mentent lorsqu'ils *ne sont pas* sous serment (ce qui est malheureusement le cas la plupart du temps), il devrait peut-être y en avoir une.

En définitive, le sionisme a joué un rôle majeur dans certains des trafics les plus scandaleux et les plus lucratifs de notre époque.

Cependant, un autre scandale de l'histoire américaine récente, qui mérite certainement d'être examiné, fournit une démonstration sombre, au sens le plus spécifique, de la manière dont le pouvoir sioniste a infiltré et manipulé les rangs les plus élevés des forces de l'ordre de notre pays : le ministère de la justice des États-Unis et le système judiciaire fédéral.

Il s'agit de l'affaire INSLAW, le prochain sujet d'examen dans notre revue du pouvoir sioniste en Amérique.

L'affaire INSLAW

Le contrôle sioniste des tribunaux et du ministère de la justice des États-Unis

La main fine des services de renseignement israéliens et leur influence au plus haut niveau du ministère de la Justice constituent le fil conducteur de la conspiration dans l'affaire INSLAW.

Bien que l'affaire INSLAW ait été reléguée au second plan, un examen de ce scandale est tout à fait approprié si l'on considère le pouvoir sioniste en Amérique. Voici l'histoire.

En mars 1982, la société INSLAW, basée à Washington, D.C. et appartenant à Bill et Nancy Hamilton, a remporté un contrat de 10 millions de dollars sur trois ans avec le ministère de la Justice, qui prévoyait d'installer le remarquable logiciel PROMIS, développé par Bill Hamilton, dans les 22 plus grands bureaux de procureurs américains et une version de traitement de texte dans 72 autres. PROMIS était un logiciel de traçage très sophistiqué, parfaitement adapté à l'usage des agences de renseignement, conçu pour tracer des individus ciblés.

Entre-temps, cependant, le Dr Earl Brian, un ami de longue date du procureur général de l'époque, Edwin Meese, a commencé à utiliser son influence politique pour interférer avec le contrat des Hamiltons afin d'obtenir le contrat pour une société qu'il possédait. Cela s'est produit après que les Hamiltons ont refusé l'offre de Brian d'acheter INSLAW. Brian, qui avait de nombreux contacts internationaux, était largement considéré comme un actif de longue date de la CIA.

Au début de l'année 1983, le ministère de la Justice s'est arrangé avec les Hamiltons pour faire une démonstration du PROMIS à un Israélien qui se faisait appeler "Dr Ben Orr" et qui prétendait représenter le ministère israélien de la Justice. "Ben Orr" s'est dit très impressionné par le PROMIS, mais, à la surprise des Hamiltons, il n'a jamais acheté le produit.

Ce n'est que plus tard que les Hamiltons ont appris pourquoi : grâce à ses contacts au sein du ministère de la Justice, Earl Brian avait réussi à voler le logiciel et l'avait ensuite fourni à LEKEM, une unité ultrasecrète de renseignement électromagnétique de l'armée de défense israélienne. Le chef de LEKEM était un agent du Mossad de longue date, Rafael "Dirty Rafi" Eitan. En fait, Eitan était le "Dr Ben Orr" qui avait rendu visite aux Hamiltons.

À cette époque, il avait déjà été révélé qu'Eitan était l'agent du Mossad qui dirigeait les opérations d'espionnage américaines de l'espion israélien Jonathan Pollard. Les opérations LEKEM d'Eitan avaient été secrètement financées par une série de sociétés offshore aux Bahamas qui avaient été mises en place quelques années auparavant par le cabinet d'avocats Burns and Summit. Il se trouve que ce cabinet était celui du procureur général adjoint Arnold Burns, un acteur clé de la campagne menée par le ministère de la Justice pour liquider INSLAW.

Ari Ben-Menashe, ancien agent des services de renseignement israéliens, a déclaré que PROMIS était le logiciel idéal pour permettre aux services de renseignement israéliens de traquer les Palestiniens et les dissidents politiques critiques à l'égard d'Israël. Il a déclaré :

"PROMIS a été une très grande chose pour nous, une très, très grande chose. Il s'agit probablement de la question la plus importante des années 1980, car elle a modifié l'ensemble des perspectives en matière de renseignement. Toute la forme de collecte de renseignements a changé". Brian a donc rendu un grand service à ses amis israéliens.

Brian a également vendu PROMIS à la Gendarmerie royale du Canada, au Service canadien de sécurité et de renseignement et aux services de renseignements militaires jordaniens, entre autres. En vérité, toute l'étendue de l'intrigue de Brian dans la vente de PROMIS dans le monde entier n'a pas encore été révélée.

Bien entendu, tout cela se passait en coulisses et à l'insu des Hamiltons à l'époque. Cependant, en 1985, alors que leur logiciel avait été totalement pillé et distribué à l'échelle internationale, les Hamiltons ont découvert que le ministère de la Justice retenait plus de 7 millions de dollars de paiements dus au titre du contrat, contraignant INSLAW à l'insolvabilité. Puis, en 1984, le ministère de la Justice a brusquement annulé le contrat.

Tout en étant confrontés à la faillite et à la liquidation, les propriétaires de INSLAW luttaient également contre les tentatives de prise de contrôle hostile menées par Earl Brian, un actif de la CIA, et plusieurs de ses alliés, dont la société Charles Allen and Company de Wall Street.

En février 1985, les Hamiltons se sont placés sous la protection du chapitre 11 de la loi sur les faillites devant le tribunal fédéral de Washington et ont également poursuivi le ministère de la Justice pour les dommages et les pertes qu'ils avaient subis. Ils ont engagé Leigh Ratiner, un avocat du cabinet Dickstein, Shapiro et Morin, pour les représenter.

Entre-temps, l'avocat de Washington Leonard Garment - qui représentait l'ennemi juré des Hamiltons, "Dirty Rafi" Eitan, et les intérêts d'Israël dans le scandale d'espionnage Pollard - est apparu dans l'affaire INSLAW. Ami du bienfaiteur financier secret d'Eitan, le procureur général adjoint Burns, Garment était un associé principal de Dickstein, Shapiro et Morin, qui a brusquement licencié Ratiner, l'avocat représentant les Hamiltons.

Les Hamiltons ont par la suite déterminé qu'il était tout à fait probable que la figure du Mossad, Eitan, avait transféré quelque 600 000 dollars d'une caisse noire israélienne au cabinet d'avocats de Garment afin de financer l'accord de séparation du cabinet avec Ratiner, l'avocat des Hamiltons.

(À la même époque, Garment lui-même est connu pour avoir joué un rôle dans l'"arrangement" d'une affaire contre Liberty Lobby, l'éditeur de *The Spotlight*, après que l'institution populiste a intenté un procès au *Wall Street Journal* pour avoir publié des calomnies sur Liberty Lobby, dont une rédigée par l'épouse de Garment. *The Spotlight - et ce n'est pas* une coïncidence - rendait également compte, en profondeur, du scandale INSLAW en plein essor (nous y reviendrons plus tard).

Malgré leurs difficultés, les Hamiltons ont remporté une victoire bien méritée.

La conspiration du ministère de la Justice contre INSLAW était tellement évidente et scandaleuse qu'en janvier 1988, le juge George

Bason Jr. du tribunal fédéral des faillites a rendu une décision en faveur des Hamiltons et contre le ministère de la Justice. Bason a conclu que le ministère de la Justice avait délibérément tenté de mettre INSLAW en faillite afin de pouvoir prendre le contrôle du logiciel et de ne pas payer aux Hamiltons l'argent qui leur était dû.

La décision de Bason a été confirmée par la suite, mais à ce moment-là, il s'était déjà vu refuser le renouvellement de son mandat et avait été démis de ses fonctions et remplacé par S. Martin Teel, qui n'était autre que l'ancien avocat du ministère de la justice qui défendait la justice contre les Hamiltons.

C'est après que Bason a statué contre le ministère de la justice et en faveur des Hamiltons, affirmant que les clients/collègues de Teel avaient volé le logiciel PROMIS par "ruse, fraude et tromperie", que Bason s'est vu refuser le renouvellement de son mandat et que Teel a été nommé à sa place. Bason a par la suite accusé le ministère de la justice, lors d'un témoignage devant le Congrès, d'avoir conspiré pour le forcer à quitter son poste en représailles de sa décision contre le ministère.

L'un des principaux acteurs des efforts déployés pour déloger Bason en faveur de Teel était le procureur général adjoint de l'époque, Arnold Burns, un avocat puissant entretenant des liens de longue date avec la Ligue anti-diffamation (ADL) du B'nai B'rith.

Burns est également l'un des fondateurs de "Nesher", un groupe discrètement influent de quelque 300 hauts fonctionnaires et bureaucrates fédéraux qui se réunissent de manière informelle, liés par le désir de faire avancer la cause sioniste.

Et, ce n'est pas une coïncidence, comme nous l'avons déjà noté, Burns était l'un des fonctionnaires du ministère de la Justice qui travaillait assidûment à la liquidation de l'INSLAW en premier lieu.

L'ancien juge Bason a également soulevé la question de savoir si, en fait, Teel était qualifié pour la promotion, compte tenu de son expérience extrêmement limitée en matière de litiges liés à la faillite.

Quoi qu'il en soit, Teel a été nommé juge de Bason, en récompense de sa contribution à la couverture d'une conspiration corrompue impliquant la complicité d'agents de la CIA et du Mossad israélien.

Selon les journalistes d'investigation Mark Fricker et Stephen Pizzo, "l'affaire INSLAW était devenue le baiser de la mort judiciaire à Washington, aucun juge ne voulant s'en mêler. Les allégations de l'INSLAW soulevaient de sérieuses questions sur la corruption et l'anarchie au sein du ministère de la justice, et l'interdiction du juge des faillites américain Bason avait envoyé au pouvoir judiciaire un message qui faisait froid dans le dos". Le Chief U.S. District Judge Aubrey Robinson à Washington, D.C., a déclaré à propos d'autres juges concernant l'affaire INSLAW : "Ils n'y toucheraient pas avec une perche de 10 pieds".

À ce stade, les Hamiltons avaient commencé à attirer l'attention des médias, en partie grâce aux efforts novateurs de journalistes indépendants tels que Harry Martin du *Napa* (Californie) *Sentinel* et de *The Spotlight* et de son forum de discussion, *Radio Free America* (RFA), animé par Tom Valentine.

Outre l'ancien juge Bason et l'informaticien Michael Riconosciuto (qui était associé à Earl Brian dans l'intrigue de l'INSLAW), Bill et Nancy Hamilton de l'INSLAW figuraient parmi les invités qui sont venus sur RFA pour discuter du scandale.

Les Hamiltons étaient alors habilement représentés par l'ancien procureur général Elliot Richardson (aujourd'hui décédé), qui éprouvait beaucoup de dégoût et de répulsion à l'égard des activités des fonctionnaires du département qu'il avait dirigé pendant une brève période de l'ère Nixon.

Alerté par la sensibilisation croissante du public à cette affaire, le député Jack Brooks (D-Texas), président de la commission judiciaire de la Chambre des représentants, a lancé une enquête spéciale sur l'affaire INSLAW. Brooks a constaté que le ministère de la justice, sous la direction du nouveau procureur général, Dick Thornburgh, n'a cessé de faire de l'obstruction dans le but de garder l'affaire secrète.

Entre-temps, le ministère de la Justice a fait appel de la décision confirmant le jugement de l'ancien juge Bason en faveur de l'INSLAW devant la cour d'appel des États-Unis qui, en mai 1990, a réglé les choses pour le ministère. La cour d'appel a statué que l'affaire des Hamiltons n'aurait jamais dû être portée devant le tribunal des faillites et a rejeté leur plainte, disant en substance que si les Hamiltons voulaient poursuivre le ministère de la justice, ils devraient tout recommencer à zéro. Le tribunal n'a pas examiné le bien-fondé de la plainte, se contentant de déclarer que le tribunal des faillites n'avait jamais été l'endroit où entendre l'affaire.

En 1991, sous la pression croissante du Congrès, le successeur de Thornburgh au poste de procureur général, l'ancien fonctionnaire de la CIA William Barr, a nommé le juge fédéral à la retraite Nicholas Bua de Chicago en tant que conseiller spécial interne du ministère de la Justice pour enquêter sur l'INSLAW, bien que personne n'ait jamais vraiment cru que le ministère de la Justice se rendrait un jour coupable de quoi que ce soit.

En 1992, après que les Hamiltons ont fait appel devant la Cour suprême, celle-ci a (comme on pouvait s'y attendre) confirmé la décision du tribunal de première instance en faveur du ministère de la justice. En mars 1993, à la surprise générale, l'ancien juge fédéral Nicholas Bua a présenté un rapport blanchissant le ministère de la justice.

Finalement, en août 1997, la Cour des réclamations fédérales de Washington, D.C., s'est prononcée contre les Hamiltons et a conclu - encore une fois sans surprise - que le ministère de la Justice n'était coupable d'aucun acte répréhensible dans l'affaire INSLAW, en dépit de toutes les preuves.

Il convient de noter que tout au long de la période pendant laquelle l'affaire INSLAW s'est déroulée, un certain nombre de personnes liées à l'INSLAW et à l'enquête sur le scandale ont commencé à être retrouvées mortes.

- En août 1991, la victime la plus connue de l'INSLAW - le journaliste indépendant Danny Casolaro- qui travaillait avec Bill et Nancy Hamilton de l'INSLAW et collaborait également étroitement avec Michael Riconoscuito, agent de la CIA et dénonciateur de la conspiration de l'INSLAW, a été retrouvé mort dans une chambre de motel à Martinsburg, en Virginie-Occidentale. Bien que sa mort ait été officiellement déclarée comme un "suicide", le poids de la preuve suggère le contraire.

- En 1992, l'épouse et les trois enfants de Ian Stuart Spiro, homme d'affaires de San Diego et agent de renseignement indépendant, ont été retrouvés assassinés. Plus tard, Spiro a été retrouvé mort dans un autre lieu. Bien que les autorités aient annoncé que Spiro (qui travaillait pour les services de renseignement britanniques et israéliens) avait tué sa famille, puis lui-même, peu de gens y croient.

Ce qui est intéressant - à la lumière des multiples liens israéliens dans l'affaire INSLAW - c'est que le shérif adjoint retraité du comté de San Diego, Tim Carroll, qui a été engagé comme "enquêteur" spécial dans l'affaire Spiro, a été pendant longtemps l'agent de liaison entre le bureau du shérif et la Ligue anti-diffamation (ADL) du B'nai B'rith, qui est un intermédiaire du Mossad.

Ce n'est pas une coïncidence si Carroll a également aidé à orchestrer (et participé à) la descente de police massive (et totalement injustifiée) en 1995 au domicile de Willis A. Carto, l'éditeur de *The Spotlight*, dans le cadre de la conspiration en cours qui a finalement réussi à détruire l'hebdomadaire populiste qui, à l'époque, était la seule publication nationale indépendante majeure exposant l'affaire INSLAW.

Un jardinier mexicain, témoin apparent des meurtres de Spiro, a également été assassiné par la suite.

- Le journaliste Anson Ng, du *Financial Times* de Londres, travaillait avec Casolaro pour enquêter sur les liens entre l'INSLAW et le blanchiment d'argent lié à l'affaire Iran-Contra initiée par Israël. Retrouvé mort au Guatemala en juillet 1991, Ng avait une seule balle dans la poitrine. Les autorités ont conclu à un suicide.

- Dennis Eisman, avocat de Michael Riconosciuto, dénonciateur de l'INSLAW, a également été retrouvé avec une blessure par balle dans la poitrine. Là encore, il s'agit d'un suicide.

- En mars 1990, le journaliste britannique Jonathan Moyle, qui enquêtait sur une figure de l'INSLAW au Chili, a été retrouvé pendu dans la penderie de son hôtel à Santiago.

- Alan D. Standorf, analyste de la défense. Son corps a été retrouvé à l'aéroport national de Washington, sur le plancher d'une voiture, sous des bagages. Il travaillait dans un poste d'écoute militaire secret dans la banlieue de Virginie.

- Michael Allen May, ancien collaborateur de Nixon, est décédé quatre jours après que *le Napa Sentinel* eut révélé ses liens avec le scandale dit de la "surprise d'octobre", qui impliquait également Earl Brian, conspirateur de l'INSLAW.

L'autopsie a révélé que May avait absorbé des produits pharmaceutiques.

- L'ingénieur Barry Kumnick a disparu après avoir inventé un nouveau programme informatique capable de projeter les pensées et les caractéristiques d'individus criminels ou militaires et de prédire leur comportement ou leurs mouvements. Le système de Kumnick était conçu pour fonctionner avec le logiciel PROMIS développé par INSLAW.

Les preuves mises au jour par l'avocat de l'INSLAW, Elliot Richardson, indiquent le responsable le plus probable de cette série de meurtres et ce secret sous-tend les connexions sionistes de l'affaire de l'INSLAW.

Le fait est que Richardson et les Hamiltons ont découvert que l'Office of Special Investigations (OSI) du ministère de la Justice, chargé de la "chasse aux nazis", servait de base à une unité ultrasecrète d'opérations secrètes du ministère de la Justice et que c'était l'OSI qui était en fait responsable du vol du logiciel PROMIS de l'INSLAW. Dans un mémoire daté du 14 février 1994, l'avocat de l'INSLAW, l'ancien procureur général des États-Unis, M. Richardson, a porté les accusations choquantes suivantes : Le programme sur les criminels de guerre nazis est... une façade pour le propre service de renseignement secret du ministère de la justice, selon les révélations faites récemment à l'INSLAW par plusieurs hauts fonctionnaires du ministère de la justice.

L'une des missions non déclarées de ce service de renseignement secret a été la diffusion illégale de la version propriétaire de PROMIS, selon des informations provenant de sources fiables ayant des liens avec la communauté du renseignement américain.

INSLAW a en outre obtenu une copie d'un imprimé informatique de 27 pages du ministère de la Justice intitulé "Criminal Division Vendor List" (liste des fournisseurs de la division criminelle). Cette liste est en fait une liste des organisations commerciales et des individus qui servent de "coupeurs" pour cette agence secrète de renseignement du ministère de la Justice....

L'agence secrète de renseignement du ministère de la Justice possède également sa propre société "propriétaire" qui emploie des dizaines d'agents de diverses nationalités, ainsi que des personnes qui semblent être des employés réguliers de divers départements et agences du gouvernement américain ou des membres des forces armées américaines, selon plusieurs sources.

Le mémoire de M. Richardson contient également une suggestion étonnante, à savoir que les preuves suggèrent que l'enquêteur de l'INSLAW, Danny Casolaro, a été assassiné par cette unité secrète du ministère de la Justice au sein de l'OSI.

Comme ce n'est un secret pour personne que l'OSI travaille depuis des années en étroite collaboration avec les services de renseignement israéliens, on peut logiquement en conclure que l'OSI et l'unité secrète du ministère de la justice au sein même de l'OSI agissent effectivement comme des agents du Mossad.

Les ramifications sont immenses, d'autant plus que c'est le département de la justice lui-même et des agents clés du département de la justice - dont l'un a été promu plus tard juge fédéral des faillites - qui ont permis à cette conspiration sioniste (et il n'y a pas d'autre mot) d'avoir lieu.

En fait, le juge des faillites en question, S. Martin Teel - dont on ne sait pas s'il est lui-même juif - a été le seul responsable de la fermeture de *The Spotlight*, le seul hebdomadaire national indépendant qui avait révélé l'affaire INSLAW depuis pratiquement le début.

Le 27 juin 2001, M. Teel, qui présidait alors une procédure de faillite engagée par l'éditeur de *The Spotlight*, Liberty Lobby, a exercé son pouvoir arbitraire et a ordonné à l'hebdomadaire populiste de continuer à paraître, détruisant ainsi l'hebdomadaire autrefois très dynamique.

Bien que Teel ait été le seul juge des faillites siégeant dans la juridiction de Washington, D.C., il n'aurait jamais dû être autorisé à instruire la faillite fédérale de Liberty Lobby. Il avait manifestement un conflit d'intérêts flagrant et une véritable dent contre l'institution populiste et son journal hebdomadaire. C'est ainsi que non seulement la société INSLAW a été mise à genoux, mais aussi *The Spotlight*, qui, comme INSLAW, avait été victime des intrigues pernicieuses du Mossad israélien et de ses alliés à Washington.

Tout cela ne veut pas dire, bien sûr, que toute la corruption peut être attribuée exclusivement à des sources juives - loin de là ! Mais le fait est que la corruption juive (en haut lieu et affectant le processus politique américain) a existé dans notre histoire, mais les médias et les livres d'histoire ont joué un rôle majeur dans la suppression de la prise de conscience du public à ce sujet.

Les racines de l'affaire INSLAW pointent en effet vers l'immense pouvoir du mouvement sioniste, démontrant que même les tribunaux et le système de la soi-disant "justice" aux États-Unis sont entièrement entre les mains de ceux qui règnent en maître en Amérique, La nouvelle Jérusalem.

Dans ce contexte, il convient d'examiner certaines des familles juives les plus éminentes et les plus puissantes d'Amérique, en particulier celles qui exercent une influence significative sur les médias américains et qui, de ce fait, ont le pouvoir de façonner la perception du public sur l'histoire et l'actualité et, par conséquent, d'orienter le cours du processus politique américain. Poursuivons donc.

Le gang Bronfman

La famille royale des Juifs d'Amérique Sam et Edgar Bronfman : "parrains" d'Al Capone et de John McCain

Autrefois décrite comme "les Rothschild du Nouveau Monde", la famille Bronfman - bien qu'officiellement basée au Canada - constitue certainement la proverbiale "famille royale" de l'establishment juif américain, dans la mesure où l'influence de la famille est solidement ancrée aux États-Unis, s'étendant de New York à Hollywood et tout ce qui se trouve entre les deux.

La famille Bronfman a compté parmi ses protecteurs, directs et indirects, de nombreux personnages puissants et célèbres, allant d'Al Capone au sénateur américain John McCain (R-Ariz.).

Bien qu'elle soit surtout connue pour son contrôle de l'empire des alcools Seagram, la famille contrôle beaucoup, beaucoup plus. À certains égards, elle incarne "l'ultime réussite juive". Elle représente pratiquement tout ce qui est vraiment mauvais - au sens classique du terme - dans le pouvoir et l'influence juifs en Amérique. Et bien qu'ils ne soient pas techniquement la famille juive la plus riche d'Amérique - il y en a d'autres qui sont beaucoup, beaucoup plus riches - les Bronfman ont un certain niveau d'influence et de proéminence que peu d'autres familles peuvent revendiquer. Après tout, Edgar Bronfman, patriarche en titre de la famille, est depuis longtemps à la tête du Congrès juif mondial.

Et c'est un titre qui a du poids.

Dès 1978, Peter Newman, biographe de la famille Bronfman, estimait dans *The Bronfman Dynasty* que l'ensemble des actifs détenus par les différentes branches de la famille s'élevait à quelque 7 milliards de dollars. Il citait le magazine *Fortune* qui déclarait à l'époque : "La fortune des Bronfman rivalise avec celle de toutes les familles nord-américaines, à l'exception d'un petit nombre d'entre elles, dont certaines ont acquis leur puissance au XIXe siècle, à une époque où les impôts n'avaient pas plus d'impact sur la richesse que les boîtes pauvres". Depuis lors, bien sûr, les Bronfman ont accru leur fortune et leur influence s'est accrue proportionnellement.

À l'origine, nous dit-on, le clan Bronfman a immigré au Canada sous le parrainage - comme beaucoup d'autres - des diverses organisations caritatives juives sous l'emprise de la famille Rothschild d'Europe, la grande maison financière qui règne dans les coulisses depuis des générations.

Cependant, l'empire Bronfman tel que nous le connaissons aujourd'hui a été fondé par Sam Bronfman, un homme d'affaires flibustier, au caractère bien trempé, qui, avec ses frères, a gagné des millions dans le commerce de l'alcool et de nombreux autres millions en expédiant leur alcool aux États-Unis où il était consommé illégalement pendant la Prohibition. C'est ainsi que la famille a tissé des liens précoces avec le syndicat du crime américain dirigé conjointement par Meyer Lansky, juif d'origine russe établi à New York, et ses partenaires italiens, Charles "Lucky" Luciano et Frank Costello.

En fait - et c'est probablement un sale petit secret qu'il vaut mieux taire - il n'y a guère de ville frontalière dans les régions septentrionales des États-Unis - du Maine à l'État de Washington - où l'on ne trouve pas de petites fortunes familiales accumulées par des habitants qui faisaient partie du réseau de contrebande d'alcool Bronfman-Lansky.

Et dans les grandes villes, une "connexion" avec le réseau Lansky-Bronfman était un "must" pour quiconque voulait réussir. La vérité est que même le prince du crime italo-américain de Chicago, Al Capone, a dû son ascension au pouvoir à ses relations avec Bronfman - un autre fait peu connu qui a été largement occulté.

Malgré tout le battage médiatique autour de la prétendue "domination" de Capone sur Chicago, ce dernier n'a jamais contrôlé plus d'un quart des rackets de la ville des vents. Qui plus est, comme l'a souligné le célèbre auteur indépendant de romans policiers Hank Messick dans son étude classique, *Secret File* (G. P. Putnam's Sons, 1969), Capone - aussi puissant et riche qu'il ait été - n'a jamais eu de titre supérieur à celui de "capo" (ou "capitaine") - chef d'une équipe de dix hommes - dans les rangs du réseau criminel officiellement organisé de la "mafia" italo-américaine de Chicago.

Un autre point souvent oublié dans la légende de la "Mafia" est que Capone n'a en fait été autorisé à devenir un membre officiel de la Mafia qu'après que les chefs criminels italo-américains de Chicago eurent assoupli les règles d'appartenance à la Mafia pour permettre à certains non-Siciliens sélectionnés comme Capone (qui était né à Naples, sur le continent italien) d'en faire partie.

En réalité, Capone répondait en coulisses à des chefs bien plus importants et plus secrets, basés "à l'est", faisant partie du groupe "d'élite" entourant le chef du crime juif Meyer Lansky, né en Russie et basé à New York (qui a finalement transféré ses opérations à Miami et, pendant une brève période, bien des années plus tard, en Israël).

C'est le groupe Lansky, comprenant son partenaire juif Benjamin "Bugsy" Siegel et ses partenaires d'origine italienne, Costello et le légendaire Luciano, qui a envoyé Capone (un cousin éloigné de Luciano) à Chicago en premier lieu.

Dans leur remarquable biographie de Lansky, *Meyer Lansky : Mogul of the Mob* (Paddington Press, 1979), écrite en collaboration avec Lansky, les écrivains israéliens Dennis Eisenberg, Uri Dan et Eli Landau complètent certains des éléments manquants laissés de côté par les biographes de Capone.

Lansky lui-même a déclaré à ses biographes israéliens que "c'est Bugsy Siegel qui le connaissait bien lorsque Capone vivait et travaillait dans le Lower East Side...". [Il était un ami assez proche de Capone pour le cacher chez l'une de ses tantes" lorsque Capone a eu des ennuis pour meurtre.

Pour l'éloigner de la ligne de mire des forces de l'ordre, Lansky et consorts envoient le jeune Capone à Chicago pour jouer les durs dans le gang de Johnny Torrio, un autre ancien New-Yorkais qui était "passé à l'Ouest" et qui cherchait à détrôner son propre oncle, le vieux gangster "Big Jim" Colosimo, en tant que chef de la mafia italo-américaine de Chicago.

Torrio était essentiellement l'homme de main de Lansky à Chicago et Capone a rapidement gravi les échelons pour devenir le bras droit de Torrio.

Hank Messick écrit que le positionnement de Capone a "ravi" les gens de Lansky "parce que Capone était vraiment leur homme". Bien que Capone ait fini par devenir son propre maître à Chicago, dirigeant des dizaines de rackets et d'opérations criminelles, sa loyauté envers ses amis new-yorkais était si ferme que Lansky et [Luciano] savaient qu'ils pouvaient toujours compter sur lui".

Il convient également de souligner que Torrio, le "patron" immédiat de Capone à Chicago, était également le contact à Chicago pour les intérêts de l'empire Bronfman, basé au Canada, qui expédiait ses produits légaux de l'autre côté de la frontière pour qu'ils soient consommés illégalement par les buveurs américains de l'époque de la Prohibition. Sam Bronfman et sa famille ont travaillé en étroite collaboration avec le syndicat Lansky dès le début. Le lien Torrio-Capone a donc bouclé la boucle.

Pendant ce temps, le patron de Chicago, Colosimo, ne fait rien pour s'attirer les faveurs de Bronfman, de Lansky et de Siegel, qu'il qualifie de "sales juifs".

Colosimo a déclaré qu'il ne comprenait pas pourquoi Luciano traitait si étroitement avec Lansky et Siegel, disant "J'ai parfois le soupçon qu'il doit avoir du sang juif dans les veines", un soupçon qui, à la lumière du destin ultérieur de Luciano, comme nous le verrons, est hautement improbable.

En outre, Colosimo a affirmé qu'il n'y avait "pas d'avenir dans la contrebande" et a montré peu d'intérêt à fréquenter la réserve d'alcool des Bronfman.

Colosimo voulait se concentrer sur la drogue, la prostitution et les prêts usuraires. Son boycott de Bronfman réduisait les profits du syndicat Lansky.

Il va sans dire que lorsque le moment fut venu, Lansky (par l'intermédiaire de Torrio et de Capone) s'attaqua à Colosimo qui fut abattu par un gangster juif new-yorkais envoyé pour faire le travail. Lors des somptueuses funérailles de Colosimo, la plus grande couronne de fleurs portait une carte sur laquelle on pouvait lire : "De la part des jeunes juifs en peine" : "De la part des jeunes juifs en deuil de New York." Très vite, l'alcool des Bronfman a afflué à Chicago, grâce à Torrio, l'homme de main de Lansky, et à son bras droit, Capone, qui allait bientôt devenir la figure "mafieuse" préférée des médias.

Ainsi, lorsque nous examinons les forces qui se cachent derrière le gangster italo-américain le plus célèbre du XXe siècle, nous constatons que ses racines sont profondément enfouies dans le camp Bronfman (et sioniste). Et c'est une nouvelle en soi.

L'actuel chef de la famille Bronfman est Edgar Bronfman qui, outre ses nombreuses affaires internationales, est également le président de longue date du Congrès juif mondial, poste à partir duquel il exerce une influence politique considérable.

Bronfman, bien sûr, a été le principal acteur de l'effort récent (et toujours en cours) visant à extorquer des milliards de dollars aux banques suisses pour leur implication présumée dans le blanchiment de l'"or juif" qui aurait été volé par les nazis et pour avoir confisqué la richesse de certaines personnes juives d'Europe qui avaient caché leur immense fortune dans des banques suisses avant la Seconde Guerre mondiale.

La question de savoir comment cette immense richesse a été accumulée n'a jamais été expliquée par les médias, bien que l'implication de la famille Bronfman dans la controverse puisse fournir une partie de la clé.

On sait que les Bronfman ont acquis une grande partie de leur fortune initiale avant la Seconde Guerre mondiale dans le commerce illégal de l'alcool, de concert avec la figure du syndicat du crime américain Meyer Lansky, dont les opérations s'étendaient très loin, bien au-delà des côtes américaines.

On sait également que Lansky était l'un des principaux responsables, pour le syndicat du crime, de l'utilisation des comptes bancaires suisses pour le dépôt et le blanchiment des produits du crime. Il est donc tout à fait probable que bon nombre des personnes qui ont été arrêtées et dont les comptes bancaires ont été saisis étaient en fait des agents du syndicat Lansky-Bronfman et qu'ils étaient donc engagés dans des activités criminelles.

Le fils de Bronfman, Edgar Jr, est peut-être aussi puissant que son père, même si c'est d'un autre point de vue. Le jeune Bronfman a pris le contrôle d'Universal Studios et de toutes les filiales de divertissement connexes qui sont maintenant sous le contrôle de l'empire Bronfman. Acteur majeur à Hollywood et dans le domaine de la production musicale et cinématographique, Edgar Jr. aurait fait échouer un investissement familial majeur lorsqu'il a associé la famille à la société française Vivendi, mais aucun membre de la famille Bronfman n'a été vu en train de faire la manche dans les rues de New York, Beverly Hills ou Montréal au moment où nous écrivons ces lignes.

La société Seagrams figure régulièrement parmi les plus gros contributeurs politiques des deux grands partis politiques américains. Cela est intéressant en soi, car lorsque, pendant la campagne présidentielle de 1996, Bill Clinton a attaqué son adversaire du GOP, Bob Dole, pour avoir accepté des contributions de l'industrie du tabac, le fait que les deux principaux partis recevaient des contributions considérables de l'industrie de l'alcool - en particulier de l'empire Bronfman - semble être passé largement inaperçu.

Une institution "américaine" aussi éminente que Du Pont, par exemple, est tombée sous le contrôle des Bronfman. En 1981, Du Pont, qui était alors la septième plus grande entreprise des États-Unis, a été ciblée pour être rachetée par la famille Bronfman. En fait, à ce moment-là, les Bronfman possédaient déjà 20% de Du Pont - une participation substantielle en soi, car dans le monde des affaires, même une participation de 3% seulement dans les actions d'une société donne à son propriétaire le contrôle effectif de cette société. Bien que le nom américain traditionnel de "Du Pont" continue d'apparaître sur les documents de l'entreprise et sur les produits Du Pont vendus aux consommateurs américains, le véritable pouvoir en coulisses est celui de l'empire Bronfman.

En réalité, la famille Du Pont - bien qu'encore très riche, ayant accumulé ses ressources financières sur plusieurs générations - n'avait que peu d'influence au sein de l'entreprise qui portait le nom de la famille. En fin de compte, les Bronfman ont officiellement cédé leurs participations dans Du Pont, mais ils ont utilisé leurs ressources pour étendre leur richesse et leurs tentacules ailleurs.

Aujourd'hui, les Bronfman font partie intégrante de l'establishment ploutocratique, non seulement aux États-Unis, mais dans le monde entier.

Parmi les autres participations de Bronfman au fil des ans, on trouve des entreprises traditionnellement "américaines" telles que : Campbell Soup, Schlitz Brewing, Colgate-Palmolive, Kellog, Nabisco, Norton Simon, Quaker Oats, Paramount Pictures et Warrington Products (qui fabriquait les bottes Kodiak et les chaussures Hush Puppies).

En outre, les Bronfman détenaient également une participation dans la Ernest W. Hahn Company (qui exploitait alors 27 centres commerciaux régionaux en Californie et prévoyait d'en ouvrir 29 autres) et dans la Trizec Corp, l'une des plus grandes sociétés de promotion immobilière d'Amérique du Nord.

Les Bronfman détiennent également des actifs considérables dans des endroits "inattendus" et "hors des sentiers battus". Par exemple, la société Cadillac Fairview, contrôlée par les Bronfman, qui développe des propriétés commerciales locatives, a développé un centre commercial à Hickory, en Caroline du Nord, et (en 1978) était en train d'en créer deux autres. Une autre entreprise Bronfman est le Shannon Mall à Atlanta et le Galleria à Westchester, New York. En outre, une filiale de Bronfman détient des options sur le développement d'un centre commercial dans le Mississippi et sur un autre dans le Connecticut.

Les sociétés Bronfman contrôlaient également des parcs industriels à Los Angeles et dans ses environs, des tours de bureaux à Denver et à San Francisco, ainsi que des lotissements au Nevada, en Californie et en Floride. Les Bronfman ont également pris le contrôle du capital social de General Homes Consolidated Cos. Inc. basée à Houston, qui construit des maisons et aménage des terrains, et dont les activités s'étendent jusqu'au Mississippi et à l'Alabama.

Pendant de nombreuses années, la famille - bien que cela ne soit pas bien connu - a possédé de vastes étendues de terres dans les faubourgs de Virginie entourant Washington, DC, des terres lucratives que la famille, ces dernières années, a cédées avec un grand profit.

Pour rappel, les divers avoirs américains de la famille Bronfman énumérés ici ne constituent en rien une vue d'ensemble de leur portefeuille. Et rien de tout cela ne reflète ne serait-ce qu'une infime partie des avoirs de la famille Bronfman au Canada.

L'ensemble de cette puissance financière constitue également un pouvoir politique important dans les différents États et localités où l'influence des Bronfman s'est implantée.

À cet égard, l'influence cachée de la famille Bronfman dans l'État de l'Arizona est particulièrement intéressante - un avant-poste considéré dans l'esprit de la plupart des Américains comme un paradis de cow-boys, de cactus et de grands espaces , un bastion conservateur indépendant de la corruption et des intrigues que l'on trouve dans les grandes villes telles que New York, Miami, Chicago et Los Angeles. En fait, l'Arizona se classe au même rang que les grandes capitales du crime et ce statut des plus déplaisants est directement lié à l'influence de la famille Bronfman en Arizona.

L'influence de la famille Bronfman en Arizona est si forte que l'on peut dire à juste titre que les Bronfman ne sont rien de moins que les "parrains" de la carrière politique du "réformateur" le plus connu des États-Unis, le sénateur de l'Arizona John McCain. Voici l'histoire :

En 1976, Don Bolles, journaliste engagé de Phoenix, a été assassiné par une voiture piégée après avoir écrit une série d'articles exposant les liens avec le crime organisé d'un grand nombre de personnalités de l'Arizona, dont Jim Hensley.

Cinq ans plus tard, l'"honnête John" McCain est arrivé en Arizona en tant que nouvel époux de la fille de Hensley, Cindy. "Selon Charles Lewis, du Center for Public Integrity, "dès que McCain a atterri à Phoenix, les Hensley ont été les principaux sponsors de sa carrière politique". Mais le fait est que les personnes qui se cachent derrière la fortune des Hensley sont encore plus intéressantes et controversées.

S'il est bien connu que le beau-père de McCain est le propriétaire du plus grand distributeur de bière Anheuser-Busch en Arizona - l'un des plus grands distributeurs de bière du pays - les médias grand public n'ont rien dit sur les origines de la fortune Hensley qui a financé l'ascension de McCain au pouvoir. La fortune Hensley n'est rien d'autre qu'une ramification régionale de l'empire du trafic d'alcool et du racket de la dynastie Bronfman.

Le beau-père de McCain a fait ses débuts en tant qu'homme de main d'un certain Kemper Marley qui, pendant une quarantaine d'années jusqu'à sa mort en 1990 à l'âge de 84 ans, a été le patron politique incontesté de l'Arizona dans les coulisses. Mais Marley était bien plus qu'une machine politique. En fait, il était aussi l'homme fort du syndicat du crime Lansky en Arizona, le protégé du locataire de Lansky, le joueur de Phoenix Gus Greenbaum.

En 1941, Greenbaum avait créé le Transamerica Publishing and News Service, qui exploitait une agence de presse nationale pour les bookmakers. En 1946, Greenbaum confie les opérations quotidiennes à Marley, tandis que Greenbaum se concentre sur la construction de casinos gérés par Lansky à Las Vegas, en y faisant la navette depuis son domicile de Phoenix. En fait, Greenbaum faisait tellement partie intégrante de l'empire Lansky que c'est lui qui a pris la tête des intérêts de Lansky à Las Vegas en 1947, après que Lansky a ordonné l'exécution de son ami de longue date, Benjamin "Bugsy" Siegel, pour avoir détourné les profits de la mafia du nouveau casino Flamingo.

Greenbaum et sa femme ont été assassinés par la mafia en 1948, la gorge tranchée. Ce meurtre a déclenché une série de guerres de gangs à Phoenix, mais Marley a survécu et prospéré.

Pendant cette période, Marley a mis en place un monopole de distribution d'alcool en Arizona. Selon Al Lizanitz, le responsable des relations publiques de Marley, c'est la famille Bronfman qui a lancé Marley dans le commerce de l'alcool. En 1948, quelque 52 employés de Marley (dont Jim Hensley) ont été emprisonnés pour des infractions à la législation fédérale sur les alcools, mais pas Marley.

En Arizona, on raconte que Hensley s'est fait passer pour Marley et qu'à sa sortie de prison, Marley lui a rendu sa loyauté en l'installant dans le secteur de la distribution de bière. Aujourd'hui, cette société de distribution de bière, dont on dit qu'elle vaut quelque 200 millions de dollars, a largement financé la carrière politique de John McCain. Le soutien du réseau Bronfman-Marley-Hensley a joué un rôle essentiel dans la montée en puissance de McCain.

Mais ce n'est pas tout. Le beau-père de McCain s'était lui aussi lancé dans les courses de chiens et il a encore accru la fortune de sa famille en vendant sa piste de course de chiens à une personne liée à la société Emprise, dirigée par la famille Jacobs, basée à Buffalo.

La famille Jacobs était le principal distributeur de l'alcool Bronfman introduit en contrebande aux États-Unis pendant la Prohibition et contrôlait le "robinet" de l'alcool Bronfman entre les mains des gangs locaux qui faisaient partie du syndicat Lansky. Se développant au fil des ans, achetant des pistes de courses de chevaux et de chiens et développant des concessions de nourriture et de boissons dans les stades, les entreprises de la famille Jacobs ont été décrites comme étant "probablement la plus grande couverture quasi-légitime pour le blanchiment d'argent de la criminalité organisée aux États-Unis".

Si John McCain ne peut être tenu personnellement responsable des fautes de son beau-père, le fait est que ce "réformateur" doit sa fortune politique et financière aux bonnes grâces des plus grands noms du crime organisé. Il n'est donc pas étonnant qu'aujourd'hui, l'industrie du jeu de Las Vegas soit l'un des principaux bénéficiaires financiers de McCain. Ce bref aperçu n'est que la partie émergée de l'iceberg, mais il en dit long sur McCain et le milieu politique qui l'a engendré, en particulier à la lumière de la position de premier plan de McCain en tant que l'un des principaux porteurs d'eau d'Israël au sein du Congrès.

Et à la lumière de l'ouvrage de cet auteur, assez largement diffusé, sur l'assassinat du président John F. Kennedy, le livre *Final Judgment*, qui soutient que le service de renseignement israélien, le Mossad, a joué un rôle majeur aux côtés de la CIA dans l'assassinat du président Kennedy, précisément en raison de l'opposition obstinée de JFK à la volonté d'Israël de fabriquer des armes nucléaires de destruction massive, il convient de noter pour mémoire que les empreintes digitales du riche mécène d'Israël, Sam Bronfman, membre du syndicat Lansky, se retrouvent partout dans la conspiration de l'assassinat de JFK.

Non seulement l'homme de main de longue date de Bronfman, Louis Bloomfield, était président de la société Permindex parrainée par le Mossad (qui comptait parmi ses administrateurs rien moins que l'homme d'affaires de la Nouvelle-Orléans Clay Shaw, qui a été inculpé par l'ancien procureur de la Nouvelle-Orléans Jim Garrison pour son implication dans l'assassinat de JFK), mais de nouvelles preuves indiquent que Jack Ruby, figure de la mafia de Dallas, était en fait à la solde de Bronfman, un petit détail intéressant en soi !

En outre, alors qu'un autre associé de Bronfman à Dallas, le pétrolier Jack Crichton, tournait autour de la veuve de Lee Harvey Oswald après l'assassinat de JFK, un autre fonctionnaire de Bronfman - le "super avocat" John McCloy - a siégé à la Commission Warren. McCloy était directeur - et Crichton vice-président - de l'Empire Trust, une société financière contrôlée en partie par la famille Bronfman.

Et bien que Sam Bronfman soit surtout connu pour son empire des spiritueux Seagrams, ce que de nombreux chercheurs sur JFK qui pointent du doigt les "barons du pétrole texans" ont omis de noter, c'est que Sam Bronfman était lui-même un baron du pétrole texan, puisqu'il a acheté Texas Pacific Oil en 1963. Dès 1949, Allen Dulles, qui deviendra plus tard le directeur de la CIA limogé par JFK et qui sera également membre de la commission Warren, a servi d'avocat dans les affaires privées de Phyllis, la fille de Bronfman.

Les personnes intéressées par l'histoire complète doivent se référer à *Final Judgment,* qui en est maintenant à sa sixième édition de 768 pages, entièrement documentée. En définitive, l'assassinat de JFK est sans conteste l'événement central qui a permis au pouvoir sioniste d'atteindre des sommets inégalés dans la vie américaine telle que nous la connaissons aujourd'hui.

En bref, les Bronfman ont non seulement le pouvoir de faire des présidents américains, mais ils ont aussi le pouvoir de les briser. Et ça, c'est vraiment du pouvoir. Les Bronfman constituent la "première famille" - osons dire "la famille royale" - de l'establishment juif et sioniste américain.

Autour de la dynastie Bronfman gravitent, comme des satellites, un large éventail d'autres puissantes familles sionistes qui, à leur tour, ont leurs propres familles satellites et leurs propres intérêts financiers.

Le cas de Mortimer Zuckerman, qui était à l'origine un opérateur immobilier basé à Boston, est un bon exemple de la manière dont tout cela fonctionne.

Zuckerman a connu ses premiers succès grâce à ses relations d'affaires avec la famille Bronfman, qui lui ont permis de devenir un acteur important de la communauté sioniste. Propriétaire par la suite de publications telles que les prestigieux *Atlantic Monthly* et *U.S. News and World Report - deux* médias importants - puis de publications moins augustes mais néanmoins influentes telles que *le New York Daily News,* Zuckerman est finalement devenu président de la Conférence des présidents des principales organisations juives américaines, un poste influent en effet.

Plus tard, cependant, Zuckerman a commencé à "saler" la communauté sioniste avec ses propres revenus et a apporté son aide et son soutien à un jeune promoteur et entrepreneur prometteur de Washington, D.C., Daniel Snyder, qui, en quelques années, a pu amasser suffisamment de capitaux pour prendre le contrôle de la célèbre équipe de football des Washington Redskins, même des mains du fils de son propriétaire légendaire de longue date, Jack Kent Cooke. En fin de compte, on peut dire que Snyder est un satellite de Zuckerman, qui est à son tour un satellite de Bronfman, dont la famille, à l'origine, devait son mécénat aux œuvres de bienfaisance de la célèbre famille Rothschild d'Europe. Tout cela est en effet très circulaire.

La vérité est que les familles sionistes les plus puissantes d'Amérique ont longtemps travaillé en étroite collaboration - sous une forme ou une autre - et dans les documents qui suivent, nous examinons certaines des plus puissantes de ces familles et les intérêts financiers auxquels elles sont associées.

Deux géants des médias

Les empires Meyer-Graham et Newhouse

Si la famille Bronfman constitue la "famille royale" au sein de la communauté sioniste américaine, il en existe certainement une poignée d'autres qui s'en rapprochent par leur richesse et leur pouvoir.

Toutefois, compte tenu du rôle essentiel que joue le contrôle des médias dans le renforcement du pouvoir de l'élite sioniste, il semble approprié de commencer notre étude des autres grandes familles sionistes américaines en nous concentrant sur deux des familles les plus en vue, dont le poids particulier provient de leur immense influence sur un large éventail de médias (presse écrite et audiovisuelle) à travers les États-Unis.

Nous ne faisons pas référence au clan Sulzberger, plus connu, qui contrôle l'empire médiatique mondialement connu (certains diraient "infâme") *du New York Times*, mais à la famille Meyer-Graham, célèbre pour le *Washington Post,* et à la famille Newhouse - considérée comme la 25e famille la plus riche des États-Unis (selon le classement *Forbes* 400 de 2004) - qui préside un vaste empire médiatique s'étendant sur les villes et les communautés, grandes et petites.

Toutefois, en guise de digression importante, il est probablement utile de noter précisément les médias que les Sulzberger contrôlent par l'intermédiaire de leur empire du *New York Times*. En fait, bien que le Times soit certainement l'un des deux journaux les plus puissants d'Amérique, voire du monde, l'empire médiatique du *Times* englobe bien plus que ce célèbre quotidien.

Voici un bref aperçu de l'empire médiatique de Sulzberger, étant entendu que, comme pour tous les faits et chiffres cités ici, les détails sont en constante évolution, les empires médiatiques étant généralement en expansion :

- Le New York Times
- Lexington (N.C.) Dispatch
- Lakeland (Fla.) Ledger
- Spartanburg Herald-Journal (en anglais)
- Boston Globe
- Gainesville (Fla.) Sun
- Santa Barbara News-Press
- Ocala (Fla.) Star-Banner
- Nouvelles de Tuscaloosa (Ala.)

Outre une participation de 50% dans l'*International Herald-Tribune*, la famille Sulzberger contrôle également le *New York Times* News Service, qui fournit des articles à 650 journaux et magazines, ainsi qu'un grand nombre de stations de radiodiffusion, notamment :

- KFSM-TV, Fort Smith, Kan.
- WHNT-TV, Huntsville, Ala.
- WNEP-TV, Scranton, Pa.
- WREG-TV, Memphis, Tenn.
- WQEW (AM), N.Y.
- WQXR (FM), N.Y.
- WQAD-TV, Moline, Ill.
- WTKR-TV, Norfolk, Va.

Et cette liste n'inclut pas les nombreux magazines et autres entreprises d'édition aux mains de cet empire médiatique super-riche.

Ainsi, si les Sulzberger sont peut-être les plus connus de l'élite médiatique sioniste, le rayonnement des familles Meyer-Graham et Newhouse est également considérable et il vaut la peine de les examiner précisément parce qu'elles sont l'exemple de ceux qui règnent en maître en Amérique - la nouvelle Jérusalem.

L'EMPIRE MEYER-GRAHAM...

Une figure légendaire du monopole mondial des médias est décédée le 17 juillet 2001. Katharine Meyer Graham, longtemps éditrice du *Washington Post* et du magazine *Newsweek* et grande dame d'un empire médiatique de plusieurs milliards de dollars, est décédée des suites d'une chute à Sun Valley, dans l'Idaho, quelques jours auparavant. Au moment de son accident, Mme Graham - une figure de longue date du puissant groupe Bilderberg - et une foule d'autres sommités de l'élite ploutocratique des médias participaient à une réunion de haut niveau qui se tenait chaque année à Sun Valley et qui -

du moins jusqu'à l'accident de Mme Graham - n'avait reçu que peu ou pas de publicité dans la presse grand public contrôlée par les courtiers de l'élite des médias qui assistent à ce rassemblement.

Si rien ne prouve que la mort de Mme Graham, âgée de 83 ans, soit autre chose qu'un accident, il n'en reste pas moins que des questions subsistent sur le prétendu "suicide" de son mari, Philip Graham, qui l'a précédée à la tête de l'empire *Post*. En fait, la mort de Graham a arrangé beaucoup de monde, y compris Mme Graham, et a épargné beaucoup de chagrin à beaucoup de gens.

Bien que le monopole médiatique ait consacré de nombreuses colonnes à l'éloge de Mme Graham, l'histoire complète de la mort de son mari a été largement passée sous silence, si ce n'est pour la dépeindre comme une simple femme au foyer parvenue à une position de pouvoir malgré la tragédie. Un peu d'histoire est nécessaire pour comprendre pourquoi quelqu'un a pu juger nécessaire de mettre en scène le "suicide" de Philip Graham.

Fille du trafiquant de Wall Street et grand financier sioniste Eugene Meyer, qui a acheté le *Washington Post* en 1933 - peu après avoir démissionné de son poste de gouverneur de la Réserve fédérale -, Katharine Meyer a épousé en 1940 Philip Graham, un garçon pauvre devenu avocat à Harvard.

Six ans plus tard, après avoir assumé la première présidence de la nouvelle Banque mondiale, nommée par le président Harry Truman, Meyer nomme son gendre éditeur et rédacteur en chef du *Post*. En 1948, Meyer a transféré le contrôle effectif des actions du *Post* à sa fille et à son mari.

Cependant, Katharine n'a reçu que 30% des actions. Son mari a reçu 70% des actions, son achat ayant été financé par son beau-père qui faisait confiance à Graham et pensait tout simplement qu'aucun homme ne devait avoir le fardeau de travailler pour sa propre femme.

Sous la direction de Philip Graham, le *Post* s'est épanoui et son empire s'est étendu, avec notamment l'achat du magazine *Newsweek*, alors moribond, et d'autres propriétés médiatiques.

Après la création de la CIA en 1947, Graham a également tissé des liens étroits avec la CIA, au point d'être décrit par l'auteur Deborah Davis comme "l'un des architectes de ce qui est devenu une pratique répandue : l'utilisation et la manipulation de journalistes par la CIA" - un projet de la CIA connu sous le nom d'Opération Mockingbird. Selon Deborah Davis, le lien avec la CIA a fait partie intégrante de la montée en puissance du *Post* : "En fait, le *Post s*'est développé en échangeant des informations avec les agences de renseignement". En bref, Graham a fait du *Post* un canal de propagande efficace et influent pour la CIA.

Malgré tout, à la mort d'Eugene Meyer en 1959, le fossé se creuse entre Graham, sa femme et son beau-père, qui hésite à céder son empire à Graham. L'éditeur du *Post* avait pris une maîtresse, Robin Webb, qu'il installait dans une grande maison à Washington et dans une ferme à l'extérieur de la ville.

Grand buveur, on dit qu'il avait des tendances maniaco-dépressives. À certains égards, Graham était son propre pire ennemi, violent envers sa femme, à la fois en privé et en public.

Evan Thomas (journaliste à *Newsweek*) a ensuite cité comme preuve de l'instabilité émotionnelle de Graham le fait que ce dernier (qui n'était pas juif) "faisait des remarques antisémites à propos de sa belle-famille, de sa femme et même de ses enfants ". Dans ce contexte, le fait que Graham ait été pendant quelques années un ami très proche du président John F. Kennedy qui, à la même époque, était engagé dans une lutte acharnée avec les dirigeants de la communauté juive américaine qui estimaient que le président ne soutenait pas suffisamment les intérêts d'Israël au Moyen-Orient, n'est pas passé inaperçu.

Deborah Davis, biographe de Katharine Graham, a souligné dans son livre *Katharine the Great* que Philip Graham avait également commencé à s'en prendre à la CIA : "Il avait commencé à parler, après sa deuxième dépression, de la manipulation des journalistes par la CIA. Il a dit que cela le dérangeait. Il l'a dit à la CIA.... Il s'est retourné contre les journalistes et les hommes politiques dont le code était la confiance mutuelle et, étrangement, le silence. Le bruit courait que Phil Graham n'était pas digne de confiance".

En fait, Graham était surveillé par quelqu'un : Davis a noté que l'un des assistants de Graham "enregistrait ses marmonnements sur des bouts de papier".

Certains ont cependant suggéré que la légendaire "dépression mentale" de Graham, qui s'est développée au cours des années suivantes, était davantage la conséquence des traitements psychiatriques auxquels il a été soumis que d'une quelconque maladie. Un auteur a émis l'hypothèse que Graham aurait en fait été la victime des expériences désormais célèbres de la CIA en matière d'utilisation de drogues psychotropes.

Il ne fait aucun doute que la scission de Graham a constitué un bouleversement social et politique majeur à Washington, compte tenu de l'immense pouvoir du journal d'élite et de ses liens étroits avec la CIA.

Dans sa biographie de l'ami de Graham et avocat du *Washington Post* Edward Bennett Williams, Evan Thomas, déjà cité, a écrit que

La société de Georgetown s'est rapidement divisée entre les "Phil People" et les "Kay People"" et si "publiquement, Williams était un Phil Person... comme [Kay] l'a découvert plus tard, elle n'avait pas à avoir peur".

Graham surprend Williams en déclarant que non seulement il a l'intention de divorcer de Katharine, mais qu'il veut réécrire son testament de 1957 et donner tout ce dont "Kay" devait hériter à sa maîtresse, Robin Webb, privant ainsi Katharine de ce que la plupart des gens considèrent comme son droit d'aînesse que le père de Katharine lui avait confié.

Bien que Williams ait continué à repousser la demande de divorce de Graham, le testament, comme l'a admis Thomas, "était une affaire plus délicate". Au printemps 1963, Graham réécrit à trois reprises son testament de 1957. Chacune des révisions de Graham en 1963 a réduit la part de sa femme et augmenté celle qu'il destinait à sa maîtresse. Finalement, la dernière version exclut complètement Katharine Graham.

Un combat important et désagréable se profilait à l'horizon. Katharine savait manifestement que quelque chose se préparait car, comme le rapporte Deborah Davis, Mme Graham "a dit [à son propre avocat] Clark Clifford que l'accord de divorce devait lui attribuer exclusivement le contrôle du *Washington Post* et de toutes les sociétés du Post".

Les choses ont finalement dégénéré lorsque Philip a participé à une convention d'éditeurs de journaux en Arizona et a prononcé un discours virulent attaquant la CIA et dévoilant des secrets d'initiés sur le Washington officiel, jusqu'à révéler la liaison de son ami John Kennedy avec Mary Meyer, l'épouse d'un haut fonctionnaire de la CIA, Cord Meyer (aucun lien de parenté avec Katharine Graham). Katharine s'est alors envolée pour Phoenix et a récupéré son mari qui, après s'être débattu, a été mis sous camisole de force et sous sédatifs. Il a ensuite été transporté par avion dans une clinique psychiatrique exclusive située à Rockville, Maryland, dans la banlieue de Washington.

Le matin du 3 août 1963, Katharine Graham aurait dit à ses amis que Philip allait "mieux" et qu'il rentrait à la maison. Elle s'est rendue à la clinique, a récupéré son mari et l'a conduit à leur maison de campagne en Virginie. Plus tard dans la journée, alors que "Kay" faisait la sieste dans sa chambre au deuxième étage, son mari est mort d'un coup de fusil dans une baignoire au rez-de-chaussée. Bien que le rapport de police n'ait jamais été rendu public, la mort a été considérée comme un suicide. Deborah Davis a décrit la suite des événements : Au cours de l'homologation, l'avocat de Katharine a contesté la légalité du dernier testament, et Edward Bennett Williams, qui souhaitait conserver le compte du *Post*, a témoigné que Phil n'était pas sain d'esprit lorsqu'il avait rédigé pour lui le dernier testament de Phil. En conséquence, le juge décide que Phil est mort intestat. Williams a aidé Katharine à prendre le contrôle du *Post* sans problèmes juridiques majeurs et a veillé à ce que le testament final, qui laissait le *Washington Post* à une autre femme, ne soit jamais rendu public.

Dans sa biographie critique de Mme Graham, Mme Davis n'a jamais suggéré que Philip avait été assassiné, mais elle a déclaré dans des interviews qu'"il y a des spéculations selon lesquelles soit [Katharine] s'est arrangée pour qu'il soit tué, soit quelqu'un lui a dit 'ne vous inquiétez pas, nous nous en occuperons'" et qu'"il y a des spéculations selon lesquelles il pourrait même s'agir d'Edward Bennett Williams".

Sous la direction de Katharine Graham, *le Washington Post* est devenu plus puissant que jamais et, en 1974, il a joué un rôle central dans la destruction de Richard Nixon, qui était manifestement perçu comme un danger pour la CIA et l'élite ploutocratique.

Dans son livre *Katharine the Great,* que Mme Graham s'est efforcée de faire disparaître, Deborah Davis a peut-être fourni la véritable clé du

Watergate, en affirmant que la célèbre source du *Post* pour le Watergate - "Gorge profonde" - était presque certainement Richard Ober, le bras droit de James Angleton, le chef du contre-espionnage de la CIA et l'agent de liaison de longue date du Mossad d'Israël.

Mlle Davis a révélé qu'Ober était responsable d'un bureau conjoint de contre-espionnage CIA-Israël créé par Angleton au sein de la Maison Blanche.

Depuis ce poste d'écoute, Ober (sur les instructions d'Angleton) a fourni au *Post* des informations privilégiées sur le Watergate qui ont contribué à la chute de l'administration Nixon.

Au vu du bilan de Katharine Graham et de son empire du *Washington Post*, l'humoriste Art Buchwald n'était probablement pas loin de la vérité lorsqu'il a déclaré à l'élite de Washington réunie à l'occasion du 70e anniversaire de Mme Graham : "Il y a un mot qui nous rassemble tous ici ce soir : "Il y a un mot qui nous rassemble tous ici ce soir. Et ce mot, c'est la peur".

Ce qui suit est une vue d'ensemble des avoirs massifs de l'empire Meyer-Graham, démontrant ainsi que cette riche famille a une mainmise majeure sur les médias de ce pays.

- *Le Washington Post*

- *Newsweek*

- Participation de 50% dans *l'International Herald Tribune*

- une participation de 50% dans le service de presse *Los Angles Times-Washington Post* (qui fournit des informations aux journaux du pays)

- Participation de 28% dans Cowles Media Co, éditeur *du Minneapolis-St. Paul Star-Tribune*

- The *Gazette* Newspapers (un journal et 15 journaux communautaires hebdomadaires dans le Maryland)

- *The Washington Post National Weekly Edition*

- LEGI-SLATE Inc. (base de données en ligne et édition juridique)

- Post-Newsweek Cable (systèmes dans 15 États)

En outre, l'empire Meyer-Graham possédait au moins six sociétés de radiodiffusion dans des villes clés d'Amérique :

- KPRC-TV, Houston
- WDIV-TV, Détroit
- WJXT-TV, Jacksonville, Fla.
- KSAT-TV, San Antonio
- WFSB, Hartford, Conn.
- WPLG-TV, Miami

Cependant, un autre grand empire médiatique, celui de la famille Newhouse, mérite également une attention particulière, car son empire - peut-être plus encore que celui de la famille Meyer-Graham ou celui, plus auguste, des Sulzberger, célèbres pour le *New York Times* - s'étend à des villes plus petites à travers tous les États-Unis.

L'EMPIRE NEWHOUSE...

Le centre de la Pennsylvanie, qui est aujourd'hui un "fief de l'information" virtuel du monopole médiatique Newhouse - Advance Publications - basé à New York et dirigé par S. I. "Si" Newhouse et sa famille très unie, qui comptent parmi les véritables seigneurs des médias en Amérique, illustre parfaitement la manière dont la famille Newhouse a consolidé son pouvoir. Le fondateur de l'empire médiatique, feu Sam Newhouse, s'est un jour vanté : "Je viens d'acheter la Nouvelle-Orléans", lorsqu'il a annoncé l'achat de l'influent journal *Times-Picayune* dans la ville du Croissant. Il est évident que cette attitude de la part de la famille Newhouse est toujours d'actualité alors qu'elle étend de plus en plus son emprise sur les médias à l'échelle nationale.

Décrite par Stephen Birmingham dans son livre de 1984, *The Rest of Us : The Rise of America's Eastern European Jews*, comme "la deuxième famille juive américaine la plus riche", la famille Newhouse a récemment pris le contrôle de quatre hebdomadaires dans deux comtés de Pennsylvanie, consolidant ainsi un quasi-monopole de la presse dans la région du centre-sud de la Pennsylvanie qui jouxte Harrisburg, la capitale de l'État.

Non contente de posséder l'influent *Patriot News*, le seul quotidien de Harrisburg qui domine la couverture de l'actualité dans le centre de la

Pennsylvanie, la famille Newhouse vient d'acheter la société Swank-Fowler, basée localement, qui publie *The Perry County Time* s, *The Duncannon Record* et *The News-Sun* dans le comté de Perry, ainsi que *The Juniata Sentinel* (dans le comté voisin de Juniata).

Lors de l'annonce de la vente, Robert Fowler, le très respecté directeur de Swank-Fowler, a déclaré qu'il avait accepté de vendre à Newhouse parce qu'il était "déterminé à ne traiter qu'avec des gens qui ont fait leurs preuves dans la pratique d'un journalisme de qualité sous contrôle local".

(Entre parenthèses, il convient probablement de noter que le petit comté de Juniata est un fief sioniste virtuel. Le plus grand employeur de ce petit comté rural est justement Empire Kosher Poultry, la plus grande entreprise de production casher de la planète.

(Il y a quelques années, un petit scandale a éclaté lorsqu'il a été découvert qu'Empire - qui, pendant des années, a fait venir un grand nombre d'employés nés à l'étranger pour travailler dans son usine du comté - employait un nombre important d'immigrés clandestins, ce qui est d'autant plus ironique que le comté rural de Pennsylvanie connaît depuis longtemps un taux de chômage relativement élevé).

Malheureusement, il existe de très fortes présomptions que l'empire Newhouse - qui contrôle 26 journaux dans 22 villes, ainsi que *Parade,* le supplément hebdomadaire du dimanche qui paraît dans de nombreuses autres publications à travers le pays - a été utilisé dans le passé pour promouvoir les intérêts d'intérêts particuliers privés.

En 1988, le journaliste Nicholas von Hoffman a écrit *Citizen Cohn,* une biographie du célèbre "avocat de la mafia" et "arrangeur politique", Roy Cohn, dont on se souvient surtout - du moins jusqu'à sa mort très médiatisée des suites du sida - qu'il était le conseiller peu recommandable du sénateur Joseph R. McCarthy.

Pendant des années, cependant, de nombreux alliés de McCarthy ont soupçonné Cohn d'avoir été placé dans le cercle rapproché de McCarthy pour "contrôler" le sénateur turbulent et pour empêcher l'enquête de McCarthy d'"aller trop loin" et de révéler les véritables sources du mouvement communiste en Amérique. En fait, Cohn a réussi à museler McCarthy plus que beaucoup ne le pensent.

Quoi qu'il en soit, dans sa biographie de Cohn, Von Hoffman a révélé que Cohn - un ami de longue date de "Si" Newhouse - utilisait souvent son association pour influencer les reportages de la presse de Newhouse, citant un associé de Cohn qui a déclaré :

Le lien [de Cohn] avec Si Newhouse était très important .... Roy m'a dit un jour que... dans les villes où il y avait un journal Newhouse, c'était le seul journal de la ville, ce qui signifie que le rédacteur en chef de ce journal est très influent. Ainsi, si quelqu'un avait des problèmes dans une ville où il y avait un journal Newhouse, Roy pouvait aller voir Si et Si pouvait aller voir le rédacteur en chef, et voilà un membre éminent de la ville qui pouvait faire une faveur.

Selon von Hoffman, le résultat des manipulations de Cohn était que : "Étant donné la longue association publique de Roy avec le nom de Newhouse, il s'agissait de transférer à Roy le pouvoir politique qu'apportent une telle richesse et la possession de telles propriétés médiatiques.

Von Hoffman a également révélé que : "Lorsque Jesse Helms, sénateur républicain conservateur de Caroline du Nord, s'est retrouvé dans une course serrée et coûteuse pour sa réélection, il a demandé à Roy d'inverser le flux de l'argent des contributions juives à la campagne de son adversaire vers lui-même. Roy a répondu qu'il organiserait une réunion avec Si Newhouse".

Cela indique que Newhouse est un acteur clé du puissant lobby israélien qui cherche depuis longtemps à exercer son influence dans l'arène politique américaine, souvent au détriment des intérêts de l'Amérique.

De nombreux observateurs politiques se souviendront de la manière dont Helms a inversé sa politique de longue date "America First" pour devenir un fervent défenseur d'Israël.

Von Hoffman a dévoilé les coulisses de l'accord passé avec le lobby israélien.

Le nom de Cohn est également apparu dans un autre contexte lié au lobby israélien et aux médias américains.

Lorsque l'autre ami proche de Cohn, William F. Buckley Jr, ancien membre de la CIA, a poursuivi l'hebdomadaire national populiste *The*

Spotlight pour diffamation - affaire qui s'est soldée par une défaite cuisante de Buckley devant le tribunal fédéral de Washington -, il a été révélé au cours du procès que Cohn avait conclu un accord secret avec l'Anti-Defamation League (ADL), une force clé du lobby israélien, au nom de Buckley, afin d'assurer une bonne distribution en kiosque du magazine de Buckley, *National Review,* qui venait alors d'être lancé.

Mais ce n'est pas tout. L'avocat new-yorkais John Klotz a écrit un article intriguant pour le magazine *Spy*, aujourd'hui disparu, dans son numéro de mars/avril 1995, sur la famille Newhouse.

L'auteur a commencé son article en posant une question provocatrice à laquelle d'autres ont fait écho depuis : "Si Newhouse a-t-il une connaissance coupable de l'assassinat de Kennedy ? Pendant plus de 30 ans, Newhouse et son empire médiatique ont joué un rôle unique dans la controverse entourant les événements de Dealey Plaza".

L'article citait plusieurs cas dans lesquels les publications de Newhouse et des filiales telles que Random House Publishing (vendue depuis par Newhouse) avaient joué un rôle dans la suppression de voix dissidentes sur la possibilité d'une conspiration dans l'assassinat de JFK.

Klotz a notamment cité le livre de Gerald Posner, *Case Closed,* qui a fait couler beaucoup d'encre et qui reprend la thèse de la commission Warren selon laquelle JFK a été tué par un assassin solitaire. L'article concluait en posant la question suivante : "Qu'est-ce qui a motivé la dévotion de Newhouse pour les dissimulations concernant Kennedy ? Les questions devraient être posées : Que sait Si Newhouse et quand l'a-t-il su ?". Cette allégation concernant le rôle de Newhouse dans la dissimulation de la vérité sur l'assassinat de JFK est intéressante pour au moins deux raisons :

- Random House est connue pour avoir publié plusieurs livres pour le compte de la CIA, qui a été impliquée - à juste titre - dans l'assassinat de Kennedy. Plusieurs livres "grand public" responsables mentionnent la façon dont la CIA a secrètement collaboré avec des journalistes et des maisons d'édition.

- Le susmentionné Cohn, collaborateur de l'empire Newhouse, était un investisseur dans la sombre société Permindex (une façade pour l'agence de renseignement israélienne, le Mossad). Le procureur de la Nouvelle-Orléans, Jim Garrison, a enquêté sur un membre du conseil d'administration de Permindex, Clay Shaw, pour son implication dans l'assassinat de JFK. Au cours de cette enquête, Garrison a été attaqué par le journal *The New Orleans Times Picayune*, publié par l'empire Newhouse.

En vérité, les intrigues entourant la famille Newhouse sont, à bien des égards, le reflet des réalités des sombres dessous politiques de l'Amérique. La "JFK Connection", cependant, est vraiment intrigante.

Tout cela fait partie de l'histoire. Ce qui a un impact direct sur l'Amérique d'aujourd'hui, c'est la vaste portée de l'empire de l'édition Newhouse, dont le rayonnement au cœur de l'Amérique est peut-être encore plus important que celui de tout autre empire médiatique. Ces dernières années, le portefeuille de Newhouse comprenait des publications telles que les suivantes :

JOURNAUX NEWHOUSE :

Alabama

- *Nouvelles de Birmingham*
- *La presse mobile*
- *Le registre de presse mobile*
- *Le registre mobile*

Louisiane

- *Le Times-Picayune de la Nouvelle-Orléans*

Michigan

- *The Ann Arbor News*
- *Le Flint Times*
- *The Grand Rapids Press*
- *Kalamazoo Gazette*
- *The Saginaw News*
- *Times* (Bay City)

Mississippi

- *Mississippi Press* (Pascagoula)

- *Mississippi Press Register* (Pascagoula) New Jersey
- *Jersey Journal* (Jersey City)
- *Star-Ledger* (Newark)
- *Times* (Trenton)

New York (en anglais)

- *Herald-American* (Syracuse)

Ohio

- *Plain-Dealer* (Cleveland)

Oregon

- *L'Oregonian*

Pennsylvanie

- *The Patriot-News* (Harrisburg)
- *Le Juniata Sentinel*
- *Le Perry County Times*
- *The Duncannon Record*
- *The News-Sun* (Comté de Perry)

LES MAGAZINES NEWHOUSE :

- *Journaux d'affaires de la ville américaine*
(28 hebdomadaires locaux de la presse économique)
- *Parade* magazine (le célèbre supplément du dimanche)
- *Allure*
- *Digest d'architecture*
- *Bon Apetit*
- *Mariée*
- *Conde Nast Traveler*
- *Détails*
- *Glamour*
- *Gourmet*
- *GQ*
- *Mademoiselle*
- *Vanity Fair*

- *Vogue*
- *The New Yorker*

Il est clair que l'influence de la famille Newhouse est très importante. Elle compte en effet parmi les familles sionistes les plus riches et les plus puissantes d'Amérique, et probablement parmi les plus connues.

Cependant, comme nous allons le voir, il existe un nombre considérable d'autres familles riches dont les noms ne sont pas aussi bien connus (en dehors de la communauté juive) mais qui, en fait, jouent un rôle majeur dans le façonnement de la vie américaine, pour le meilleur et pour le pire. Dans la longue section qui suit, nous ferons la connaissance de ces familles remarquables, dont beaucoup apparaissent peut-être pour la première fois dans les pages d'un ouvrage tel que celui-ci.

Les familles juives les plus riches et les plus puissantes d'Amérique

Ceux qui règnent en maîtres

Les informations qui suivent reposent en grande partie sur les profils d'environ 180 familles juives nommément désignées (et souvent liées entre elles) qui ont été publiés dans un "numéro spécial d'hommage" (daté de 1997-1998, vol. 21, n° 10) du magazine *Avenue*, basé à New York - un journal "mondain" peu diffusé en dehors du cercle de ceux qui aiment lire les modes et les travers de l'élite au pouvoir. Ce numéro spécial, intitulé "Portraits de l'accomplissement familial dans la communauté juive américaine", a été publié en anglais sous le titre "Portraits of Family Achievement in the American Jewish Community" a mis en lumière les noms et les entreprises des familles juives américaines, en se concentrant sur celles qui ont été actives dans la communauté juive et ses multiples entreprises philanthropiques et politiques.

Il convient de noter qu'il existe littéralement des centaines, voire des milliers, d'organisations, de fondations et d'autres entités de la communauté juive, basées à la fois au niveau local et national. Bien qu'une poignée de groupes juifs tels que l'American-Israel Public Affairs Committee (AIPAC) et l'Anti-Defamation League (ADL) of B'nai B'rith apparaissent fréquemment dans les médias grand public, principalement dans le contexte de l'actualité "politique", il existe de nombreuses autres entités de ce type qui sont rarement mentionnées, sauf dans les journaux de la communauté juive qui, bien entendu, ne sont pas des lectures "quotidiennes" pour l'Américain moyen.

En ce qui concerne le terme "philanthropique" - tel qu'il est utilisé ici - , il est utilisé de manière assez vague, car, à vrai dire, de nombreuses familles juives - si ce n'est la plupart - ne sont largement philanthropes qu'à l'égard d'organisations caritatives spécifiquement juives, bien qu'il y ait des exceptions.

La liste d'*Avenue* - telle qu'elle est présentée ici - ne mentionne pas les nombreuses organisations caritatives, tant aux États-Unis (d'orientation juive et non juive) qu'en Israël, que les familles citées ont financées avec beaucoup d'applaudissements. Nous n'avons inclus cette information que lorsqu'une famille particulière était étroitement associée à une "cause" particulière.

Il convient également de noter que la plupart des familles citées semblent, d'après le rapport d'*Avenue*, avoir créé une ou plusieurs fondations familiales à participation restreinte, qu'elles utilisent pour soutenir diverses causes. La plupart de ces causes - mais pas toutes - sont de nature juive et, assez souvent, liées à l'État d'Israël et à diverses agences et institutions de ce pays.

Ainsi, il va sans dire - à quelques exceptions près - que les noms énumérés ici constituent les "plus riches des riches" (et donc les plus puissants) parmi l'élite juive américaine, mais il ne s'agit pas de suggérer que les noms qui apparaissent ici constituent effectivement une liste officielle des "Juifs les plus riches d'Amérique". Loin de là !

Il existe de nombreux autres entrepreneurs très aisés, pour ainsi dire, d'origine juive, qui ne font pas la une des journaux. Il y a par exemple de nombreux criminels juifs fortunés qui préfèrent faire profil bas et qui ne cherchent pas à se faire connaître ou à faire connaître leurs dons à des organisations philanthropiques juives. À cet égard, il est très peu probable que le magazine *Avenue* soit prêt à saluer les "réalisations" d'un criminel juif. Par conséquent, la liste compilée par *Avenue* est certainement incomplète à cet égard.

Et pour être juste envers les nombreux millionnaires - et peut-être milliardaires - juifs américains qui n'ont pas été honorés par la liste des "réalisations familiales" d'*Avenue* et qui ne sont pas nécessairement impliqués dans des actes criminels, il convient de noter que nombre d'entre eux ont accumulé beaucoup de richesses mais n'ont pas cherché à être acclamés par le public, reconnus par les magazines de la société ou honorés par leur propre communauté juive.

Ainsi, une fois encore, il y a certainement beaucoup, beaucoup d'autres fortunes juives américaines qui n'ont pas été mentionnées dans la liste compilée par *Avenue*. Mais la liste compilée par Avenue est en effet très complète et, en ce qui concerne l'enregistrement des principaux acteurs - sur le plan financier - de la "haute société" juive, la liste d'*Avenue* est un document précieux. (Franchement, l'auteur n'a jamais rien vu d'aussi complet).

On peut probablement affirmer que, bien que les noms juifs représentent une part considérable de la liste annuelle *Forbes* 400 des familles les plus riches d'Amérique, une liste secondaire de ce que l'on pourrait appeler "*Forbes* 800" - c'est-à-dire une liste comprenant le deuxième groupe de 400 familles riches après les 400 familles les plus riches initiales - inclurait sans aucun doute pratiquement tous les noms qui figurent sur la liste du magazine *Avenue* résumée dans ces pages.

Ainsi, bien qu'une grande partie de la richesse juive soit accumulée au sommet de l'échelle, elle est encore plus importante dans le "milieu" beaucoup plus large des familles américaines fortunées.

En ce qui concerne la liste, notez ceci : vous n'y trouverez pas Henry Kissinger, par exemple. Certainement riche, selon toute estimation, et certainement juif, et certainement puissant, la richesse et le pouvoir de Kissinger ont toujours été le résultat de son évolution dans la sphère des personnes riches et puissantes. Kissinger est un personnage politique et, en tant que tel, il n'est rien d'autre qu'un fonctionnaire bien rémunéré de l'élite juive américaine et des autres élites avec lesquelles elle interagit en vue d'un gain commun.

La célébrité et les "réalisations" de Kissingers sont à bien des égards une création des médias contrôlés par les Juifs, mais contrairement à beaucoup de ceux qui figurent sur la liste de l'*Avenue*, il n'est pas l'un des propriétaires des médias en tant que tel.

Et c'est peut-être une distinction suffisante pour que Kissinger n'y figure pas. Bien que Kissinger siège dans de nombreux conseils d'administration d'entreprises - y compris des entités médiatiques, soit dit en passant - il a toujours été davantage un personnage public (qui se trouve être juif) qui agit comme un homme de main et un facilitateur pour les véritables puissances en coulisses plutôt que d'être un véritable "déménageur" à lui tout seul. Sans le patronage de puissants sponsors, Kissinger ne serait rien de plus qu'un autre universitaire juif pittoresque et coloré, comme il y en a beaucoup.

En outre, pour le lecteur, il y a un autre facteur qui pourrait être pris en considération : L'ascension d'Henry Kissinger s'est faite dans la sphère de la famille Rockefeller qui (bien que peut-être d'origine juive) a toujours eu ses propres agendas dans divers domaines, et pas toujours nécessairement en phase avec les intérêts juifs en tant que tels.

En ce qui concerne la famille Rockefeller, il convient de noter qu'il n'existe aucune information *solide* dans l'arène publique indiquant qu'elle est d'origine juive, bien qu'il y ait eu beaucoup de spéculations et de rumeurs depuis plus d'un siècle. Contrairement à une idée répandue, la "preuve" souvent évoquée selon laquelle "les Rockefeller sont juifs" n'est pas une preuve du tout. La rumeur selon laquelle les Rockefeller seraient juifs provient du fait que l'auteur Stephen Birmingham - dans son livre de 1971 chez Harper & Row, *The Grandees*, un profil de l'histoire de l'élite juive sépharade américaine (descendant de familles juives espagnoles et portugaises) - a mentionné que le nom "Rockefeller" se trouvait dans une rare étude généalogique de 1960, *American s of Jewish Descent (Les Américains d'origine juive)* de Malcolm H. Stern.

Bien que certaines sources se soient emparées de cette information et aient commencé à faire circuler l'histoire selon laquelle il s'agissait d'une "preuve" que les Rockefeller sont d'origine juive , une lecture attentive et minutieuse de *l'ensemble du* livre démontrera que les Rockefeller qui ont effectivement du sang juif dans les veines sont issus de la lignée de Godfrey Rockefeller qui a épousé une certaine Helen Gratz, qui était juive. Les membres de leur famille et leurs héritiers ont d'ailleurs été élevés dans l'Église épiscopale et n'ont pas eu grand-chose à voir, voire rien du tout, avec les affaires juives ou israéliennes.

Godfrey Rockefeller était en fait issu d'une lignée distincte de la famille Rockefeller, descendant de l'un des frères de John D. Rockefeller, Sr. et cousin au second degré des célèbres frères Rockefeller - Nelson, David, Laurence et John D. III. Ainsi, toute trace de sang juif chez les héritiers de Godfrey ne peut être attribuée à la branche la plus connue de la famille Rockefeller.

Ce n'est pas un grand plaisir pour cet auteur de détruire le mythe populaire selon lequel "les Rockefeller sont juifs" qui a été largement diffusé par de nombreuses personnes bien intentionnées, mais les faits concernant l'origine de cette rumeur parlent d'eux-mêmes. Il ne s'agit évidemment pas de suggérer qu'il n'y a pas *de* sang juif dans les veines des "célèbres" frères Rockefeller, mais toute accusation en ce sens devrait être fondée sur des faits, et non sur l'interprétation erronée d'une référence passagère dans un livre.

En ce qui concerne la famille Roosevelt, des informations largement publiées suggèrent que la famille Roosevelt avait effectivement des ancêtres juifs, que le nom de famille original était "Rossocampo", un nom porté par les juifs séfarades qui faisaient partie des personnes expulsées d'Espagne en 1620. Le nom, dit-on, a finalement été modifié au fur et à mesure que les différentes branches de la famille s'installaient ailleurs en Europe. Les descendants des membres de la famille basés aux Pays-Bas - qui s'appelaient évidemment Rosenvelt - ont émigré aux États-Unis et le nom a finalement évolué pour devenir le nom

"Roosevelt" que nous connaissons aujourd'hui. Entre-temps, plusieurs générations se sont mariées avec des non-Juifs et, lorsque Franklin et Eleanor Roosevelt - des cousins qui allaient devenir mari et femme - sont devenus de jeunes membres fortunés de l'élite américaine, la famille s'est débarrassée de ses pratiques religieuses juives.

Pendant l'ère Roosevelt, un tableau généalogique de la famille Roosevelt, largement diffusé en Europe et aux États-Unis, prétendait que le nom de famille d'origine était "van Rosenvelt" et qu'il a ensuite été changé en "Rosenvelt" et qu'une autre souche de la famille juive - à savoir la lignée des "Samuels" - a été introduite dans la lignée Roosevelt qui en a résulté. Aussi passionnante que cette information ait pu être à l'époque pour de nombreux détracteurs de FDR, sa provenance est pour le moins obscure, même si beaucoup ont voulu y croire.

Cependant, pour une source de données peut-être plus immédiate concernant un éventuel héritage juif dans la famille Roosevelt - selon une source juive - nous pouvons nous tourner vers le numéro du 5 février 1982 du *London Jewish Chronicle* qui contenait un article intitulé "FDR 'had Jewish great-grandmother'" (FDR 'avait une arrière-grand-mère juive'). L'article, rédigé par Leon Hadar, se lit comme suit : Le défunt président américain Franklin Delano Roosevelt avait une arrière-grand-mère juive, a déclaré la semaine dernière M. Philip Slomovitz, rédacteur en chef du *Detroit Jewish News*, qui a publié une lettre qui lui avait été envoyée il y a 45 ans par feu le rabbin Steven Wise, ancien président du Congrès juif mondial.

Dans sa lettre, le rabbin Wise décrit un déjeuner que sa femme a eu avec Mme Eleanor Roosevelt, l'épouse du président défunt (et une de ses cousines éloignées), qui a déclaré : "Souvent, la cousine Alice et moi disons que les cerveaux de la famille Roosevelt viennent de notre arrière-grand-mère juive" dont le nom était Esther Levy : "Souvent, notre cousine Alice et moi-même disons que le cerveau de la famille Roosevelt vient de notre arrière-grand-mère juive", qui s'appelait Esther Levy.

La lettre ajoute que Mme Roosevelt avait dit à [Mme Wise] que "chaque fois que notre cousine Alice ou moi-même mentionnons notre arrière-grand-mère juive, la mère de Franklin se met en colère et dit : "Tu sais bien que ce n'est pas le cas. Pourquoi le dis-tu ?" Selon le rabbin Wise, Mme Roosevelt a également dit à sa femme : "Tu ne dois pas te servir de cela. Je pense qu'il vaut mieux laisser tomber l'affaire maintenant".

Dans une lettre séparée adressée à M. Slomovitz, Franklin Roosevelt, dont on célèbre cette année le centième anniversaire de la naissance, a écrit que ses ancêtres "pouvaient être juifs, catholiques ou protestants". Le rabbin Wise, qui était très proche du président Roosevelt, a indiqué que sa lettre à M. Slomovitz était "strictement privée et confidentielle".

Le rédacteur en chef a gardé cette confiance jusqu'à la semaine dernière, lorsque la lettre a été publiée dans un livre contenant un certain nombre de ses articles. L'une des ironies de cette découverte est que les nazis présentaient Roosevelt comme juif, l'appelant le "Juif Rosenfeld".

Ainsi, bien que les nazis aient pu avoir raison - mais, selon , ils n'ont peut-être pas fondé leurs informations sur des renseignements connus uniquement des Roosevelt eux-mêmes -, il convient de souligner que Franklin et Eleanor Roosevelt étaient tous deux connus pour leurs déclarations antijuives en privé, même s'ils étaient manifestement d'origine juive.

Malgré cela, il va sans dire que tous deux sont devenus des icônes de la vision juive du monde. Toutefois, ce phénomène a semblé s'estomper au cours des dernières années du XXe siècle et des premières années du XXIe siècle, car des auteurs juifs agressifs affirment aujourd'hui que FDR - malgré sa guerre mondiale sanglante contre Hitler - "n'a pas fait assez pour arrêter l'Holocauste".

Quoi qu'il en soit, il convient de noter que l'auteur se souvient avoir lu, il y a de nombreuses années, dans le magazine *American Heritage*, qu'un chercheur avait trouvé des informations suggérant que les ancêtres maternels de FDR dans la famille Delano étaient d'origine juive, un détail intéressant si l'on considère que la mère de FDR était elle-même connue pour faire des remarques anti-juives. L'auteur serait heureux qu'un chercheur puisse retrouver cette précieuse information historique dans les vastes archives de l'*American Heritage, à moins qu'*elle n'ait été reléguée dans le trou de mémoire orwellien.

Il y aura toujours des rumeurs selon lesquelles des personnes et des familles notables auraient du "sang juif", mais les noms qui apparaissent dans le résumé qui suit sont indubitablement juifs et fiers de l'être.

Ils constituent une élite américaine à part entière et font certainement partie des familles juives les plus riches et les plus puissantes d'Amérique aujourd'hui.

Cette liste n'est, bien entendu, ni complète ni exhaustive, mais nous espérons qu'elle constituera une référence précieuse.

Et veuillez noter que, sauf indication contraire, le matériel descriptif qui apparaît *entre guillemets* dans la liste qui suit est une citation DIRECTE du "numéro spécial hommage - 1997/1998" du magazine *Avenue*.

Voici donc les familles juives les plus puissantes d'Amérique - certaines dont vous avez entendu parler et d'autres que vous rencontrerez pour la première fois. Elles constituent véritablement la "nouvelle élite" : Ceux qui règnent en maître en Amérique - La nouvelle Jérusalem....

ABESS. Miami, Floride. Contrôle la City National Bank of Florida. Les membres comprennent Leonard Abess et Allan Abess, Jr.

ALTHEIM. New York City. Philip et Barbara Altheim contrôlent Forest Electric, une filiale d'EMCOR et la plus grande entreprise de construction électrique au monde. Leurs fils et filles sont Marc, Jill et Gary.

ANNENBERG. Philadelphie. Longtemps dirigé par feu Walter Annenberg, qui fut ambassadeur des États-Unis en Angleterre, nommé par Richard Nixon. L'empire Triangle Publications. Publie le *TV Guide* et le *Philadelphia Inquirer*.

ARISON. Miami. Theodore "Ted" Arison, né en Israël, a fondé la Carnival Cruise Lines. Le fils de Ted, Micky, contrôle aujourd'hui l'empire familial qui comprend la compagnie de croisières, les hôtels, les centres de villégiature et l'équipe de basket-ball Miami Heat. Ted Arison est retourné en Israël.

ARNOW-WEILER. Boston. Jack Weiler, d'origine russe, s'est associé à Benjamin Swig pour le développement commercial, s'emparant de plus de sept millions de mètres carrés. Sa fille Joan, son mari Robert Arnow et leur fils David dirigent aujourd'hui l'empire. Ils ont un fils, Noah.

BARNETT. Fort Worth, Texas. A exploité les hôtels Hilton en Israël. Louis Barnett et son épouse Madlyn (*née* Brachman, voir BRACHMAN) ont un fils, Eliot, qui s'occupe du développement de centres commerciaux. La famille est également impliquée dans l'immobilier, les produits pharmaceutiques et le pétrole. La famille finance le Barnett Institute of Biotechnology de la Northeastern University.

BELFER. New York. Réfugiés de Pologne, Arthur et Rochelle Belfer ont fondé la famille aujourd'hui dirigée par Robert Belfer et ses filles Selma Ruben et Anita Saltz. Arthur Belfer était impliqué dans le secteur du pétrole et du gaz naturel, qui s'est ensuite transformé en la tristement célèbre société Enron. Son fils Robert a fait partie du comité exécutif d'Enron, mais a échappé à l'attention des médias.

BELZ. Memphis. Belz Enterprises et le groupe Peabody Hotel (Memphis) font partie du patrimoine familial créé par Philip Belz, qui s'est lancé dans l'immobilier et la gestion. Son fils Jack Belz et sa femme Marilyn gèrent les affaires de la famille. Leur fille Jan, mariée à Andrew Groveman, est en train de s'affirmer, active dans l'émigration juive soviétique.

BELZBERG. Canada-New York-Israël. Sam Belzberg dirige la société Gibralter Capital. Épouse : Frances. Sa fille Wendy (rédactrice à l'influent journal juif *Forward*) est mariée à Strauss Zelnick, directeur de BMG Records. Sa fille Lisa est mariée à Matthew Bronfman (voir BRONFMAN). La famille est l'un des premiers bailleurs de fonds du Centre Simon Wiesenthal. Leur ancien rabbin, Marvin Heir, a quitté le Canada pour s'installer à Los Angeles où il a créé le Centre.

BENARD-CUTLER. Boston. Avec ses partenaires -heldon Adelson, Irwin Chafetz et le Dr Jordan Shapiro- Ted Benard-Cutler dirige le groupe Interface, promoteur de Comdex, un salon professionnel mondial pour les ordinateurs et les industries de la communication. Comdex a été vendu à la société japonaise Softbank en 1995. Benard-Cutler et Chafetz dirigent aujourd'hui GWV International, qui organise des voyages organisés en Nouvelle-Angleterre. Benard-Cutler et sa femme Joan ont des fils, Joel et Robert, et une fille, Ellen Colmas.

BERNHEIM. New York. L'agent de change Leonard Bernheim est surpassé socialement par sa femme Elinor Kridel Bernheim, active dans les affaires juives de New York. Leurs fils Charles et Leonard suivent les traces de leur mère.

BINSWANGER. Philadelphie. Isidore Binswanger est le fondateur du Maimonides College, le premier collège rabbinique sur les côtes américaines. Son fils Frank a créé une gigantesque société immobilière internationale avec 20 bureaux à travers les États-Unis et le Canada. Il est également actif au Japon et dans d'autres pays d'Asie et d'Europe. Frank Jr. et John Binswanger sont actifs dans l'entreprise familiale. Le fils Robert dirige l'école supérieure d'éducation de Dartmouth.

NOIR. New York. Leon Black est un ancien directeur général de Drexel Burnham Lambert et actuellement président d'Apollo Advisors LP et de sa filiale Lion Advisor, LP. Son épouse, Debra, joue un rôle important dans les affaires juives.

BLAUSTEIN. Baltimore. Louis Blaustein a commencé par vendre du kérosène, avant de fonder l'American Oil Company (AMOCO). Son fils et héritier Jacob fut un jour appelé "le chef titulaire de la communauté juive américaine" et joua un rôle majeur dans les premières années des Nations unies. Sœurs Fanny Thalheimer et Ruth Rosenberg. Les autres membres de la famille comprennent David Hirschhorn, Barbara Hirschhorn, Mary Jane Blaustein, Arthur Roswell, Elizabeth Roswell, Jeanne Blaustein Borko, Susan Blaustein Berlow.

BLOCK. New York. Alexander Block a fondé Block Drugs qui, sur le site, a fabriqué Polident, Nytol et Sensodyne. Son fils Leonard, son petit-fils Thomas et sa petite-fille Peggy Danziger (épouse de Richard Danziger) sont actifs dans l'entreprise familiale.

BLOOMBERG. New York. Élu maire de New York en 2001, Michael Bloomberg a débuté chez Salomon Brothers avant de créer un empire multimédia fournissant des articles aux journaux et un réseau de télévision directe par satellite fonctionnant 24 heures sur 24.

BLUMENTHAL. Charlotte, Caroline du Nord. Herman Blumenthal dirige la Radiator Speciality Company, qui fabrique quelque 4 000 produits automobiles. Avec sa femme Anita, il a trois fils, Alan, Philip et Samuel, qui participent activement aux activités de l'entreprise et aux activités "philanthropiques" de la famille.

BRACHMAN. Fort Worth. Le fondateur de la famille, Leon Brachman, a lancé une entreprise de fabrication de produits chimiques et s'est diversifié en créant Computerized Business Systems, qui conçoit des programmes pour les petites entreprises. Son fils Marshall est associé au Comité des affaires publiques américano-israéliennes (AIPAC) à Washington. Sa fille Wendy vit en Israël. Madlyn, membre de la famille, s'est mariée avec la famille Barnett de Ft. Worth (voir BARNETT).

BRAMAN. Miami. Norman Braman a débuté à Philadelphie où il a créé les Keystone Discount Stores (38 magasins). Avec sa femme Irma, il s'est retiré à Miami où il dirige une chaîne de concessionnaires automobiles. Ancien propriétaire de l'équipe des Philadelphia Eagles.

BROAD. Los Angeles. Eli Broad a fondé SunAmerica, Inc. une société de services financiers. Copropriétaire des Sacramento Kings, il est également connu comme collectionneur d'art contemporain.

BUTTENWIESER. New York. Feu Benjamin Buttenwieser était un partenaire de l'empire bancaire Kuhn-Loeb et a été haut-commissaire adjoint des États-Unis en Allemagne après la Seconde Guerre mondiale. Sa femme, Helen, était membre de la famille bancaire Lehman Brothers. Leur fils Lawrence est associé au cabinet d'avocats new-yorkais Rosenman & Colin. Son fils Peter a été directeur d'une école secondaire à Philadelphie et est lié aux activités des fondations Ford et Danforth (non juives). Son fils Paul est psychiatre et romancier à Belmont, dans le Massachusetts.

CARDIN. La richesse du défunt mari de Shoshana Cardin, Jerome Cardin, magnat de l'immobilier, lui a permis d'accéder à une grande notoriété dans la communauté juive américaine en tant que première femme présidente de la Conférence des présidents des principales organisations juives américaines et en tant que présidente de l'Appel unifié pour Israël. Sa fille Nina est l'une des premières femmes admises comme rabbin conservateur. Son fils Sandy Cardin dirige la Fondation Schusterman à Tulsa, dans l'Oklahoma.

CARTER. On dit de Victor Carter qu'il s'est "spécialisé dans le redressement d'entreprises en difficulté", mais il est surtout connu pour avoir dirigé United Way, City of Hope et Israel Bonds. Son épouse Andrea s'est impliquée dans la Country Music Commission.

CHANIN. New York. Les frères Irwin et Henry Chanin étaient d'importants promoteurs immobiliers à New York au début du XXe siècle. Le fils d'Irwin, Marcy, et sa femme Leona Feifer Chanin (première vice-présidente du Congrès juif américain) ont des enfants : deux d'entre eux sont avocats, James Chanin d'Oakland en Californie et Ann Glazer de Los Angeles. Une autre fille, Nancy Sneider, réside à Boca Raton, en Floride. Le fils d'Irwin, Paul Chanin, est basé à Aspen, dans le Colorado, où se trouve la fondation familiale. Il dirige le célèbre restaurant Pinon's en tant qu'activité secondaire.

COHEN. La Nouvelle-Orléans. Rosalie Palter Cohen, fille du fondateur d'Universal Furniture, Leon Palter, a été un acteur majeur de la puissante communauté juive de la ville du Croissant.

CONE. Grande famille juive du Sud (issue des 13 premiers enfants d'Herman Cone) qui s'est enrichie grâce à Cone Mills, le plus grand fabricant de denim au monde.

CORWIN. Los Angeles. Bruce C. Corwin est président de la Metropolitan Theatres Corporation, qui possède des cinémas et des concessions de pop-corn. Financeurs de l'université "conservatrice" Pepperdine, située dans le quartier chic de Malibu.

CROWN. Chicago. Henry Crown, aujourd'hui décédé, était étroitement lié au crime organisé à Chicago et a bâti un important empire immobilier basé sur la Material Service Corp., une entreprise de matériaux de construction. En 1959, la famille a pris le contrôle de l'entreprise de défense General Dynamics. La famille Crown a joué un rôle majeur dans le financement du programme secret israélien de développement d'armes nucléaires. Le fils Lester est aujourd'hui à la tête de la famille. Son fils Dan dirige les cinémas Crown.

CUMMINGS. Chicago. Nathan Cummings a fondé le conglomérat de production alimentaire le plus connu pour les produits "Sara Lee". Ses trois enfants et dix petits-enfants maintiennent la fondation familiale.

DAVIDSON. Détroit. William Davidson a repris l'entreprise de pare-brise de son oncle, qui est devenue Guardian Industries, le cinquième plus grand fabricant de verre au monde. Propriétaire de l'équipe des Pistons de Détroit. L'Institut William Davidson, financé par Davidson à la School of Business Administration de l'Université du Michigan, s'est immiscé dans les économies nouvellement développées de l'Europe de l'Est.

DEUTSCH. Santa Monica. Carl Deutsch gère les services immobiliers et de gestion de la famille.

DURST. New York. Joseph Durst et ses trois fils, Seymour, David et Royal, ainsi que ses petits-enfants Douglas, Robert, Jonathan et Joshua, ont développé de vastes zones de la Troisième Avenue et du West Side de New York.

EISNER. Los Angeles. Michael Eisner a organisé la fusion entre Capital Cities, propriétaire d'ABC et d'autres propriétés. Il a repris la Walt Disney Company en 1984. Petit-fils du cofondateur de l'American Safety Razor Co.

EPPLER. Cleveland-Palm Beach. Heinz Eppler, d'origine allemande, a repris Miller-Whol et a développé la société jusqu'à 420 magasins de vêtements pour femmes, vendus en 1984 à Petrie Stores Corporation. Son fils David est basé à Washington, D.C.

EVERETT. Décrits comme des "investisseurs privés prospères", Henry et Edith Everett sont actifs dans diverses philanthropies juives. Leur fils David est également actif dans les affaires juives.

FEINBERG. Chicago. Rueben Feinberg est président de la Jefferson State Bank à Chicago.

FELDBERG. Boston. Sumner et Stanley Feinberg, cousins, ont fondé les magasins T.J. Maxx (avec plus de 500 points de vente), les magasins Hit or Miss (avec 500 points de vente) et le catalogue Chadwick.

FELDMAN. Dallas. Jacob "Jake" Feldman, aujourd'hui décédé, a fondé Commercial Metals, une importante société cotée en bourse à New York. Son fils et héritier Robert a été actif dans la communauté juive de Dallas.

FEUERSTEIN. Westport, Connecticut-Newport Beach, Californie-Los Angeles-New York City. Héritiers d'Aaron Feurstein, propriétaire de l'empire textile Malden Mills, qui produisait du tissu Polartec à partir du recyclage de bouteilles en plastique. Le frère d'Aaron, Moses, était une figure de proue du judaïsme orthodoxe américain. Le fils de Moses, Morty, dirige la communauté orthodoxe de Vancouver, au Canada.

FISHER. New York. Fondée par Zachary et Lawrence Fisher, il s'agit d'une importante famille de promoteurs immobiliers new-yorkais.

MAX FISHER. Détroit. Grand industriel du pétrole et acteur de premier plan dans les affaires du Parti républicain, Max Fisher entretient depuis longtemps des relations d'affaires avec Israël et les services de renseignements israéliens. La *National Police Gazette* (décembre 1974) l'a décrit comme l'un des puissants "hommes mystérieux" qui disaient à Gerald Ford (futur président des États-Unis), homme politique républicain basé dans le Michigan, "ce qu'il fallait faire et quand il fallait le faire". (Dans *Final Judgment*, l'étude de cet auteur sur la conspiration de l'assassinat de JFK, nous avons décrit la connexion Ford-Fisher - et les liens de Fisher avec les services secrets israéliens - à la lumière du rôle de Ford au sein de la Commission Warren qui a ostensiblement "enquêté" sur l'assassinat de JFK et sur le rôle de Fisher dans l'enquête sur l'assassinat de JFK.

l'assassinat de JFK, mais qui a effectivement servi à dissimuler le lien longtemps secret entre Israël et l'assassinat du président). FRIEDMAN. Mill Valley, Californie. Eleanor Friedman - l'une des nombreuses héritières des milliards de Levi Strauss - et son mari, Jonathan Cohen, sont les fondateurs du New Israel Fund, considéré comme l'une des fondations "libérales" qui défendent des causes de gauche en Israël, notamment les droits des femmes, le pluralisme religieux et l'amélioration des relations avec les Palestiniens chrétiens et musulmans.

GERBER. Chicago. Max Gerber a créé la Gerber Plumbing Fixtures Company, aujourd'hui contrôlée par sa fille Harriet Gerber Lewis et ses enfants, Alan et Ila.

GIDWITZ. Chicago. Gerald Gidwitz préside Helene Curtis, la société de produits de soins personnels. Son fils Ronald est président de la société, qui a été rachetée par Unilever en 1996. La famille possède également Continental Materials Corporation, qui produit des équipements de chauffage et de refroidissement.

GODCHAUX. La Nouvelle-Orléans. Héritiers de Godchaux Sugar, autrefois le plus grand producteur de sucre de Louisiane, et du célèbre grand magasin Godchaux de la Nouvelle-Orléans. Les membres de la famille sont répartis dans tous les États-Unis.

OR. Los Angeles. Stanley Gold dirige Shamrock Holdings, une société d'investissement diversifiée associée aux héritiers de Disney. Il est l'un des principaux investisseurs de Koor Industries, la plus grande entreprise industrielle d'Israël. M. Gold a un fils, Charles, et une fille, Jennifer.

GOLDSMITH. New York. Plusieurs enfants de Grace, l'épouse du courtier en bourse Horace Goldsmith - James, William et Thomas Slaughter - contrôlent la fondation créée grâce aux largesses de Goldsmith. Richard et Robert Menschel - deux banquiers de Goldman Sachs qui sont des cousins - sont également impliqués dans les entreprises de la famille.

GOLDENBERG. Philadelphie. Héritiers d'une fortune dans le domaine de la confiserie et des barres chocolatées, qui produit le Goldenberg Peanut Chew, le seul produit de l'entreprise. Les membres de la famille comprennent Carl, Ed et David.

GOTTSTEIN. Alaska. Barney Gottstein. Dirige la société Carr Gottstein Foods, basée à Anchorage, la plus grande entreprise d'Alaska, impliquée dans les supermarchés, l'épicerie en gros et l'immobilier. Il a été vice-président national de l'AIPAC, le groupe de pression israélien, et a siégé au Comité national démocrate. Son fils Robert travaille en étroite collaboration avec l'évangéliste chrétien pro-israélien Pat Robertson pour promouvoir les causes juives.

GRASS. Scranton, Pennsylvanie. Alex Grass a fait passer le Thrift Discount Center du petit État de Keystone City à la vitesse supérieure et a créé plus de 2 700 pharmacies Rite Aid dans 23 États, avec des filiales telles que Auto Palace (pièces détachées automobiles), Concord Custom Cleaners, Encore Books et Sera-Tec Biologicals. Il a été président de l'Université hébraïque d'Israël. Parmi ses enfants figurent ses fils Martin et Roger.

ALAN GREENBERG. New York. Alan "Ace" Greenberg a présidé Bear Stearns et s'est engagé dans de nombreuses causes juives.

MAURICE GREENBERG. New York. Connu sous le nom de "Hank" Greenberg, ce baron de l'assurance a pris le contrôle d'American International (AIG) et a été actif en Extrême-Orient. Il joue un rôle de premier plan au sein de l'influent Council on Foreign Relations. Ses enfants sont Jeffrey, Evan, Lawrence "Scott" et sa fille Cathleen.

GRUSS. New York. Joseph Gruss a été actif dans l'exploration pétrolière et gazière au Texas, en Oklahoma et dans le Wyoming et a fondé Gruss & Company, qui s'occupe de fusions et d'acquisitions dans le domaine du pétrole et du gaz. Le mari de sa fille Evelyn, Kenneth Lipper, avocat, est banquier d'affaires et ancien maire adjoint de New York pour les finances. Son fils Martin est impliqué dans les courses de chevaux.

GUMENICK. Miami. Nathan Gumenick a construit et possédé 10 000 appartements et 500 maisons à Miami, devenant ainsi le premier promoteur de tours d'habitation dans la Mecque juive de la retraite. Il a été l'un des principaux soutiens du U.S. Holocaust Memorial Museum pendant sa période de développement. Son fils Jerome est actif dans la communauté juive de Richmond, en Virginie.

HAAS. Les membres de cette famille immensément riche sont les héritiers de la fortune des vêtements Levi-Strauss. Au total, la richesse combinée des différents membres de la famille les place sans conteste au premier rang des familles les plus riches du pays.

HALPERN. Sam Halpern et son frère Arie, immigrants d'origine polonaise venus en Amérique, ont été fortement impliqués dans la construction d'hôtels de villégiature en Israël. Il est évident que les Halpern ont accumulé leur fortune sur le marché noir en Union soviétique, puis dans le secteur de la construction aux États-Unis.

HASSENFELD. New York-Rhode Island. Héritiers de l'empire Hasbro, producteur de Mr. Potato Head et de GI Joe, la plus grande entreprise de jouets au monde. Les membres de la famille comprennent Alan et Harold.

HASTEN. Indianapolis, Indiana. Hart et Mark Hasten ont développé une chaîne de 1 500 centres de convalescence et ont été impliqués dans la banque et l'immobilier, y compris la société holding familiale, Hasten Bancshares, Inc. Hart est proche du bloc Likoud en Israël.

HECHINGER/ENGLAND. Washington, D.C. Née de la chaîne de quincailleries Hechinger dans la région de la capitale nationale, John Hechinger et Ross Hechinger. Richard England a épousé un membre de la famille Hechinger. Son fils Richard a siégé au comité exécutif de l'American-Israel Public Affairs Committee (AIPAC).

GOTTESFELD HELLER. Fanya Gottesfeld Heller, veuve de l'investisseur Joseph Heller, revendique sa célébrité non seulement grâce aux largesses de son mari, qu'elle distribue à des causes juives, mais aussi parce qu'elle a écrit des mémoires largement vantés sur ses années de "survivante de l'Holocauste" née en Ukraine.

HEYMAN. New York-Connecticut. Sam Heyman et sa femme Ronnie (tous deux diplômés de Yale et de Harvard) se sont enrichis grâce à la participation de Sam à la GAF Corporation, une importante société de fabrication de matériaux de construction et de produits chimiques. En 1991, Sam s'est séparé de la division chimique, qui est aujourd'hui une société cotée en bourse connue sous le nom d'International Specialty Products. Mme Heyman (*née* Feuerstein, voir FEUERSTEIN) était une camarade de classe de Hillary Rodham Clinton à la faculté de droit.

HOCHBERG. New York et Chicago. Héritiers de Joseph Hochberg qui dirigeait Children's Bargaintown USA. Son fils Larry est président de Sportmart, une chaîne d'articles de sport.

HOFFMAN. Dallas, Texas. Edmund Hoffman a fait fortune en tant que premier embouteilleur et distributeur de Coca-Cola (basé à Dallas) dans le sud-ouest du Texas. Son fils Richard est un médecin réputé dans le Colorado. Son fils Robert est l'un des fondateurs du magazine humoristique *National Lampoon*.

JESSELSON. New York. Michael, Daniel et Benjamin sont les héritiers de Ludwig Jesselson, qui est devenu PDG de la société Philipp Brothers, l'un des plus grands marchés mondiaux de plus de 150 matières premières, dont l'acier, le pétrole brut, les produits chimiques et le ciment. L'entreprise a ensuite été rachetée par Salomon Brothers, Inc, la banque internationale.

KAPLAN. New York. Stanley Kaplan est le magicien de l'éducation qui a donné naissance aux cours de formation au SAT que les lycéens utilisent pour préparer les examens d'entrée à l'université. Stanley affirme qu'il s'intéresse particulièrement à la formation de "leaders" dans les communautés noire et hispanique, ce qui signifie, pour les leaders noirs et hispaniques de base, la formation de personnalités noires et hispaniques qui obéiront aux ordres de l'élite juive américaine.

KEKST. New York. Gershon Kekst est à la tête de la société de communication financière et d'entreprise Kekst and Company. Il a un fils, David, et une femme, Carol.

KLINGENSTEIN. New York. Parmi les héritiers du Dr Percy Klingenstein, chef du service de chirurgie du troisième hôpital général de l'armée américaine, figurent Frederick Klingenstein, banquier d'affaires, et John Klingenstein.

KRAFT. Boston. Propriétaire des New England Patriots, Robert Kraft a fait fortune en fondant International Forest Products, l'une des plus grandes entreprises privées de papier et d'emballage du pays.

KRAVIS. Tulsa. La fortune familiale a été créée par Raymond Kravis, un consultant en pétrole et en gaz qui comptait parmi ses clients Joseph P. Kennedy et la Chase Bank, contrôlée par les Rockefeller. Ses fils Henry et George ont fait équipe avec leur cousin, George Roberts, et ont apporté une renommée et une fortune internationales à leur société Kohlberg Kravis Roberts & Company dans le cadre du racket des rachats d'entreprises par endettement des années 1980. Ils ont acquis quelque 36 entreprises, dont RJR Nabisco. L'équipe Kohlberg-Kravis était étroitement liée à la politique républicaine de l'époque.

KRIPKE. Omaha. De bonnes relations ! Myer Kripke était un rabbin d'Omaha, dans le Nebraska, dont la femme, Dorothy, écrivait des livres pour enfants. L'épouse du légendaire investisseur milliardaire (non juif) Warren Buffet, basé à Omaha, a aimé les livres de Mme Kripke, et les deux femmes sont devenues amies. En conséquence, les Kripke ont été invités à devenir de "modestes investisseurs" dans la société Berkshire Hathaway de Buffet et ont gagné un paquet d'argent. Son fils Paul est professeur de philosophie à Yale.

LAUDER. New York. Leonard et Ronald Lauder sont les héritiers de la fortune cosmétique d'Estee Lauder. Ronald a également été ambassadeur des États-Unis en Autriche et président du Fonds national juif. Il s'est porté candidat à la mairie de New York sous l'étiquette républicaine en 1989.

THOMAS H. LEE. Boston. Thomas H. Lee, opérateur de rachat par emprunt, a gagné beaucoup d'argent en vendant sa société de boissons gazeuses Snapple à Quaker Oats. Aujourd'hui, comme tous les jeunes juifs bien élevés, il est philanthrope.

LEHMAN. Skokie, Illinois. À ne pas confondre avec la famille de banquiers internationaux germano-juifs "Our Crowd" de New York, la famille Lehman - dirigée par Kenneth Lehman - a gagné de l'argent grâce à une entreprise familiale, Fel-Pro Incorporated, un fabricant de pièces détachées pour automobiles. À sa décharge, Lehman n'est pas un esclavagiste. Son entreprise offre de nombreux avantages à ses employés et toutes sortes de cadeaux financiers et de bourses d'études.

PRÊTEUR. Connecticut. Marvin et Murray Lender sont des magnats du bagel. Ils ont vendu leur entreprise de bagels surgelés à Kraft Foods en 1984 et consacrent désormais leur fortune à des causes juives.

LEVENTHAL & SIDMAN. Boston. Partenaires de Beacon Properties, le plus grand fonds d'investissement immobilier des États-Unis, Edwin Sidman et Alan Leventhal ont introduit leur société en bourse en 1994 et ont étendu leurs intérêts à l'échelle nationale. Leventhal a été étroitement associé aux activités politiques de Bill Clinton.

LEVIN. New York. Gerald Levin, qui est devenu PDG de l'empire Time Warner contrôlé par la famille Bronfman, a commencé par être locataire de Lewis Strauss, le chef juif de la Commission de l'énergie atomique. Bien que rien dans les archives publiques ne le suggère, il y a fort à parier que Levin et Strauss ont contribué à "aider" Israël à se doter de l'arme atomique. Aujourd'hui, Levin est membre du Conseil des relations étrangères, financé par Rockefeller et . Une figure médiatique majeure, en effet.

LEVINSON. New York. La veuve de Morris Levinson, Barbara, est devenue une figure de proue de la communauté juive en distribuant les richesses accumulées par Morris en tant que conglomérat alimentaire et cosmétique qui a fusionné avec Nabisco. Morris est également l'un des fondateurs du Centre d'études démocratiques, décrit comme "le premier groupe de réflexion". Son fils Adam est basé à Tallahassee, en Floride, mais il est actif dans les affaires juives au niveau national. Son fils Joshua est professeur à l'université hébraïque. La fille Judy est mariée à John Oppenheimer.

LEVY. Dallas, Texas. Irving, Milton et Lester Levy, frères, contrôlent la société NCH Corp. qui produit et distribue des produits d'entretien aux hôtels, aux agences gouvernementales et aux sociétés industrielles. Leurs quatre fils travaillent également dans l'entreprise familiale.

LEON LEVY. New York. Chef de file de l'élite juive sépharade américaine (dont Stephen Birmingham a rendu hommage dans son livre *The Grandees*), Leon Levy a fait fortune en tant que PDG de Urban Substructures, Inc. qui a participé à la construction et à l'ingénierie de nombreuses propriétés de premier plan dans la ville de New York. Levy a également été président de la Conférence des présidents des principales organisations juives américaines. Ses enfants sont Mark, Mimi, Judy et Janet. Sa femme Elsi est musicienne professionnelle.

LIPPERT. New York. Albert et Felice Lippert ont gagné des millions en aidant des millions de personnes à perdre du poids. S'associant à Jean Nidetch, une femme au foyer juive corpulente qui avait mis en place des groupes de soutien aux régimes, ils ont créé Weight Watchers International et ont vendu cette entreprise florissante à Heinz Foods en 1978. Fils Keith et Randy.

LISTE. New York. Albert List a réussi à distribuer des applications, puis il s'est diversifié et a pris le contrôle de la Hudson Coal Company, assemblant un conglomérat qui comprenait la chaîne de cinémas RKO.

LOEB. New York. Carl Morris Loeb, aujourd'hui décédé, a gagné des millions avec American Metal Co. et a ensuite fondé Loeb Rhoades (aujourd'hui Shearon Lehman/American Express). Le fils de Carl, John, a épousé la fille d'Arthur Lehman, de la banque Lehman Brothers. John Loeb a eu deux fils, Arthur et John Jr (qui a été ambassadeur des États-Unis au Danemark), et sa fille Ann a épousé Edgar Bronfman et a eu pour fils Edgar Bronfman Jr. Ce mariage entre familles juives illustre la manière dont l'élite juive a gardé ses richesses "dans la tribu", pour ainsi dire. Il ne faut d'ailleurs pas confondre cette famille Loeb avec la famille Loeb de l'empire bancaire Kuhn Loeb, une autre fortune juive.

LOWENBERG. San Francisco. William Lowenberg, survivant de l'Holocauste, à la tête de la Lowenberg Corporation, est un important promoteur immobilier de San Francisco. Son fils David perpétue le nom de la famille et son engagement dans les affaires juives.

MACK. New York. H. Bert Mack a débuté dans la démolition et a été responsable d'opérations majeures sur les sites où ont été construits les Nations Unies, l'Exposition Universelle de New York et le Triboro Bridge. La Mack Company est aujourd'hui un important promoteur immobilier. Ses fils sont Earl, Bill, David et Fred.

MANDEL. Cleveland. Morton, Jack et Joseph Mandel ont créé Premier Industrial Corporation qui est aujourd'hui un acteur majeur dans la production de produits électroniques rares. Ils ont fusionné Premier avec Farnell Electronics, une entreprise britannique, pour former Premier Farnell PLC.

MARCUS. Dallas. Il s'agit de la famille du célèbre grand magasin Nieman-Marcus. Bien que la société ait été vendue en 1969, Stanley Marcus est resté au conseil d'administration pendant plusieurs années. Il a également été président de l'American Retail Federation.

BERNARD MARCUS. Atlanta. L'empire Home Depot, le plus grand du pays, est l'œuvre de Bernard Marcus, dont les enfants, Fred, Morris et Suzanne, sont les héritiers de la fortune.

MERKIN. New York. Hermann Merkin a créé la banque d'investissement Merkin & Co. qui comprend son fils Sol et son gendre Andrew Mendes. Sa fille Daphne a été chroniqueuse au *New York Times* et romancière.

MEYERHOFF. Baltimore. Harvey Meyerhoff, magnat de la construction et des centres commerciaux, a été le premier président du U.S. Holocaust Memorial Museum à Washington, D.C. et également président de United Way. Son fils Joseph Meyerhoff II est une personnalité importante de Baltimore, de même que sa fille Terry Rubenstein et Zoh Hieronimus, un animateur radio de renom.

MEYERSON. Dallas. Le titre de gloire de Mort Meyerson est son association ation avec Ross Perot, dont on dit qu'il est son "bras droit" en tant que président d'Electronic Data Systems, puis en tant que PDG de Perot Systems Corporation.

MILKEN. New York-Los Angeles. Les tristement célèbres frères Milken - Michael et Lowell - se sont fait connaître lors des scandales financiers des années 1980, mais ils n'en restent pas moins des figures majeures de la communauté juive mondiale et particulièrement respectés par les "conservateurs" qui admirent le piratage et l'hyper-capitalisme à la Milken.

MILLSTEIN. New York. Ira Millstein est partenaire de l'influent cabinet d'avocats new-yorkais Weil Gotshal & Menges et a enseigné à la Yale School of Management et à la New York University School of Law. Il a siégé dans de nombreuses commissions gouvernementales et à la National Association of Corporate Directors.

MILSTEIN. New York. La Circle Floor Company, fondée par Morris Milstein, a posé les sols du Rockefeller Center et des Nations unies, mais les fils de Morris, Seymour et Paul, ont développé l'entreprise familiale, Milstein Properties, pour en faire une grande société immobilière, propriétaire d'hôtels, de bureaux et d'appartements. Ils ont également contrôlé l'empire international United Brands pendant un certain temps et, en 1986, ils ont acheté la Emigrant Savings Bank. Les membres de la famille Howard et Edward contrôlent Douglas Elliman, une entreprise de gestion et de courtage d'immeubles, et la Liberty Cable Television Company.

MUSHER. New York. Sidney Musher était un cadre de l'industrie pharmaceutique qui a joué un rôle majeur dans l'ouverture du marché américain aux produits israéliens. Ses fils David et Daniel sont médecins.

NAGEL. Los Angeles. La Nagel Construction Company finance les affaires de Jack et Gitta Nagal, tous deux survivants de l'Holocauste. Leurs enfants sont Ronnie, David, Careena, basés à Los Angeles. Leur fille Esther vit à Englewood, dans le New Jersey.

NASH. New York. Avec son partenaire Leon Levy (voir LEON LEVY), Jack Nash a été l'un des fondateurs du fonds d'investissement privé Odyssey Partners, qui a connu un grand succès. Son gendre est l'investisseur George Rohr. La femme de Jack, Helen, est l'auteur sophistiqué de livres de cuisine casher.

NASHER. Dallas. Autre membre de l'élite juive du Texas, Raymond Nasher a été un important promoteur de centres commerciaux, dont le célèbre NorthPark, qui compte parmi ses réussites.

OFFIT. New York. Ancien directeur de Saloman Brothers, Morris Offit a ensuite lancé sa propre banque d'investissement, Offitbank, et sa propre société de conseil en investissement, Offit Associates.

PERLE. Dallas. Le Dr Stanley Pearle, optométriste, a fait fortune dans les célèbres Pearle Vision Centers, les plus grands revendeurs de lunettes au monde.

PECK. New York. Stephen et Judith Stern Peck sont des mondains juifs de premier ordre. Stephen a été président du conseil d'administration du célèbre hôpital Mt. Sinai et Judith a été présidente du conseil d'administration de la United Jewish Appeal-Federation. Leur belle-fille, Stephanie Rein, et leur fils, Emmanuel, sont également de grands noms des affaires juives new-yorkaises.

PERELMAN. Né à Philadelphie, il est l'héritier de Belmont Industries. Né à Philadelphie, héritier de Belmont Industries, une entreprise de métallurgie devenue holding pour plusieurs autres entreprises de la région, Ronald Perelman contrôle aujourd'hui plus de 44 sociétés à travers l'empire MacAndrew & Forbes. Parmi les entreprises qu'il détient, la plus connue est Revlon, le géant des cosmétiques, Coleman Co. (qui fabrique du matériel de camping), California Federal Bank et Consolidated Cigar (qui produit de nombreuses marques de cigares). Son fils Steven est impliqué dans les affaires de la famille.

POLK. Chicago. Sam et Sol Polk ont créé les grands magasins Polk Brothers, qui ont joué un rôle majeur dans la région métropolitaine de Chicago jusqu'à leur fermeture en 1992, mais la famille reste riche. Les membres de la famille comprennent Howard Polk, courtier en bourse, Roberta Lewis et Bruce Bachmann, cadre dans l'immobilier.

PRITZKER. Chicago. Les hôtels Hyatt, Royal Caribbean Cruise Lines, Continental et Braniff Airlines, le magazine *McCall's* et la pieuvre du divertissement Ticketmaster ont tous fait partie de la gigantesque fortune de la famille Pritzker. Le fondateur de la famille, Nicholas, était un immigrant de Kiev qui a créé un cabinet d'avocats qu'il a utilisé pour se lancer dans l'ascension vers la richesse et le pouvoir. Ses fils Harry, Jack et Abraham, ainsi que les fils de ce dernier,

Jay, Robert et Donald, ont été les "grands" de la famille. Leur groupe Marmon est spécialisé dans l'achat et la restructuration d'entreprises en difficulté.

RATNER. Cleveland-New York. La Buckeye Material Company de la famille Ratner, basée à Cleveland, est devenue Forest City Enterprises (aujourd'hui Forest City Ratner Companies), qui est un important promoteur immobilier dans sa ville natale et à New York. Ils ont participé au réaménagement du 42nd Street. Les membres de la famille comprennent Charles, James, Ronald, Albert, Leonard et Max, qui a été le fondateur de la Chambre de commerce israélo-américaine. Mark Ratner est professeur de chimie à l'université Northwestern.

REDSTONE. Né "Rothstein", Sumner Redstone reprend la chaîne de cinémas de son père. Né "Rothstein", Sumner Redstone a repris la chaîne de cinémas de son père et l'a étendue à près de 900 filiales. En 1987, il a orchestré le rachat par emprunt de Viacom, Inc. qui est l'une des principales entreprises mondiales de médias, contrôlant les studios Paramount, Blockbuster Video, Simon & Schuster, Nickelodean et MTV. Sa fille Shari Redstone est de plus en plus impliquée dans l'empire de son père.

RESNICK. New York. Jack et Pearl Resnick et leur fils Burton ont fait fortune dans l'immobilier à New York, en achetant et en rénovant des bureaux. Leur fille Marilyn est mariée à Stanley Katz et s'occupe activement des affaires juives aux États-Unis et en Israël.

RIFKIND. New York. Avocat réputé et associé du célèbre cabinet d'élite Paul, Weiss, Rifkind Wharton & Garrison, Simon Rifkind a été "conseiller" du général Dwight Eisenhower sur des questions telles que le sort des survivants déracinés de l'Holocauste et a joué un rôle majeur dans le lobbying en faveur de la création d'Israël. Son fils Robert, partenaire du cabinet d'avocats Cravath, Swaine & Moore, tout aussi élitiste, a été président de l'American Jewish Committee.

ROSE. Né à Jérusalem, David Rose s'est installé à New York et a créé une vaste et puissante société immobilière, Rose Associates. Né à Jérusalem, David Rose s'est installé à New York et a créé une vaste et puissante société immobilière, Rose Associates, qui a construit, possédé et/ou géré des propriétés à New York ainsi qu'à Washington, D.C., Boston, en Floride et dans le Connecticut. Ses fils Frederick, Daniel et

Elihu, ainsi que ses petits-enfants Adam et Jonathan, sont aujourd'hui en charge des affaires de l'empire Rose.

ROSENWALD. Chicago-Nouvelle-Orléans. Julius Rosenwald a fait fortune en prenant le contrôle de Sears & Roebuck, le géant du catalogue. Son fils Lessing a cependant mécontenté de nombreux membres de la communauté juive américaine en étant un fervent défenseur des causes antisionistes. Sa fille Edith, grande partisane des "droits civiques" dans le Sud, qui exerçait ses activités dans un fabuleux manoir de la Nouvelle-Orléans inspiré de "Tara" dans *Autant en emporte le vent*, a épousé un membre de la famille Stern. Sa famille dirigeait l'empire médiatique WDSU à la Nouvelle-Orléans et était un ami personnel de Clay Shaw, poursuivi par le procureur de la Nouvelle-Orléans Jim Garrison pour son implication dans l'assassinat de John F. Kennedy. (Voir *Final Judgment* de cet auteur, Michael Collins Piper, pour plus de détails sur le rôle étrange de la famille Stern dans les affaires entourant Shaw et l'assassin présumé Lee Harvey Oswald). La famille est assez nombreuse et reste active dans l'immobilier et la télévision par câble.

RUDIN. New York. Jack et Lewis Rudin et leurs enfants, dont les fils William et Eric, sont à la tête de Rudin Management qui gère des immeubles de bureaux et d'habitation à New York.

SAFRA. New York-Monte Carlo. Bien que le juif d'origine syrienne Edmond Safra soit décédé il y a plusieurs années à Monte-Carlo dans un mystérieux incendie (avec des allégations d'implication du crime organisé juif russe dans sa mort), il n'y a aucun mystère sur le fait que son empire bancaire mondial, basé sur la Republic New York Corp. et la Trade Development basée en Suisse (qui a fusionné avec American Express) était très puissant dans le monde obscur de la finance internationale. L'empire familial est aujourd'hui contrôlé par ses frères Joseph et Moise et leurs héritiers.

SAUL. New York. Joseph Saul a fondé la chaîne Brooks Fashion qu'il a vendue avec grand profit en 1984. Il consacre aujourd'hui ses bénéfices à de nombreuses causes juives, en particulier aux intérêts israéliens.

SAUNDERS. Boston. La société Saunders Real Estate Corp. de Donald Saunders possède l'hôtel Park Plaza à Boston, ainsi qu'une multitude d'autres propriétés commerciales dans l'État de la Baie. Ses filles Lisa et Pamela sont considérées comme les héritières de la fortune. Saunders est marié à l'actrice Liv Ullman.

SCHEUER. New York. Une entreprise de gaz et de charbon ainsi que des biens immobiliers à New York sont à l'origine de la richesse de cette famille. Un membre de la famille, James, a siégé au Congrès. Walter est gestionnaire d'investissements et producteur de documentaires. Steven est critique des médias. Amy est psychothérapeute. Richard a présidé le conseil d'administration du Hebrew Union College et finance des fouilles archéologiques en Palestine.

SCHOTTENSTEIN. Columbus, Ohio. Cet empire du commerce de détail et de l'immobilier est connu pour Schottenstein Stores Corporation, Value City Department Stores, Value City Furniture et American Eagle Outfitters. Jay Schottenstein est aujourd'hui à la tête de l'empire familial.

SCHUSTERMAN. Tulsa, Oklahoma. Charles Schusterman dirige Samson Investment Company, le plus grand producteur de gaz indépendant, dont le siège se trouve dans l'Oklahoma. Sa fille Stacy est impliquée dans l'entreprise familiale. Son fils Jay vit dans le Colorado. Son fils Hal vit en Israël.

SELIG. Atlanta. Héritier de Ben Massell, promoteur immobilier, S. Stephen Selig est lui-même un important promoteur d'Atlanta, par l'intermédiaire de Selig Enterprises. Sa fille, Mindy Selig Shoulberg, est un acteur important de la communauté juive de la ville.

SILVERSTEIN. New York. Fils d'un courtier immobilier devenu un important promoteur de tours de bureaux, Larry Silverstein est probablement mieux connu aujourd'hui comme l'opérateur juif qui a pris le contrôle des baux du World Trade Center peu avant la tragédie du 11 septembre, un sujet qui a été traité en détail par le journaliste Christopher Bollyn dans *American Free Press*, le journal national populiste basé à Washington, D.C. Des rumeurs reliant Silverstein à la CIA et au crime organisé ont circulé pendant un certain temps.

SIMON. Indianapolis. L'un des cinq plus grands empires de centres commerciaux du pays - le deuxième en fait - est à la base de la fortune des frères Melvin et Howard Simon, qui ont développé 62 centres commerciaux et 55 galeries marchandes. En 1996, leurs avoirs se sont encore accrus lorsqu'ils ont fusionné avec la société (non juive) DeBartolo Realty Corp. Mel est copropriétaire de l'équipe de basket-ball des Pacers et a produit des films "trash" tels que *Porky*'s. Son fils David, qui a été banquier d'affaires chez CS First Boston et Wasserstein, Perella, joue désormais un rôle dans l'entreprise familiale, qui comprend le célèbre Mall of America à Minneapolis, certainement le plus grand centre commercial d'Amérique à une époque.

SKIRBALL. Los Angeles. Jack Skirball était rabbin, promoteur immobilier et producteur de films - trois professions qui intéressent tous les bons garçons juifs, semble-t-il. Sa riche famille reste active dans les affaires juives en Californie.

SLIFKA. New York. La Halcyon/Alan B. Slifka Management Company fournit à cette famille l'argent dont elle a besoin pour rester active dans les affaires juives à New York.

CHARLES E. SMITH. Washington, D.C. Ne vous fiez pas à son nom. Robert Smith et son beau-frère Robert Kogod dirigent aujourd'hui l'empire qui comprend le complexe d'appartements Crystal City à Arlington, en Virginie, et Skyline City en Virginie.

RICHARD SMITH. Boston. Basée en Nouvelle-Angleterre, la chaîne de cinéma General Cinema s'est développée pour prendre le contrôle de Neiman-Marcus (le grand magasin basé à Dallas) ainsi que de Harcourt Brace Publishing (aujourd'hui Harcourt General). General Cinema est aujourd'hui connu sous le nom de GC Cos. Robert Smith, fils de Richard, a repris les affaires de la famille. La famille est décrite comme "très discrète".

SONNABEND. Boston. Robert, Paul et Stephanie Sonnabend sont les dirigeants de la Sonesta International Hotels Corporation. Ils possèdent quelque 19 établissements, dont celui du Caire, en Égypte.

SPERTUS. Chicago. La fabrication de cadres - par l'intermédiaire de Metalcraft Corporation (plus tard Intercraft Industries Corporation) - a fait la fortune de la famille.

SPIELBERG. Los Angeles. Tout le monde connaît le nom de Stephen Spielberg, la légende du cinéma responsable d'un large éventail de films populaires, sans oublier *La liste de Schindler*. Sa principale société est Dreamworks SKG. Amblin Entertainment est une autre partie de l'empire Spielberg.

MARY ANN STEIN. Indianapolis. Mary Ann Stein, héritière de banquiers et d'hommes d'affaires, est active dans les causes libérales au point de devenir présidente du New Israel Fund, une organisation consacrée à la promotion du "libéralisme" dans la société israélienne, une cause qui enflamme les sionistes purs et durs dans une certaine mesure, compte tenu des gestes amicaux du New Israel Fund à l'égard des Palestiniens de souche. (Voir aussi FRIEDMAN.) SAM STEIN. Jacksonville, Floride. Sam Stein a créé le magasin Steinmart dans le Mississippi et son fils Jay a développé une chaîne de 150 magasins spécialisés dans les "marchandises hors prix haut de gamme" dans 21 États. La femme de Jay, Cynthia, est professeur d'art et participe activement aux affaires juives à Jacksonville.

STEINBERG. New York. Saul Steinberg a fait fortune grâce à Leasco, une société de location d'ordinateurs, puis a fait fortune avec Reliance Insurance, qu'il a achetée en 1968. Son frère Robert et son beau-frère Bruce Sokoloff se sont fortement impliqués dans les affaires familiales. Sa fille Laura est mariée à Jonathan Tisch, du puissant empire médiatique Tisch (voir TISCH). Son fils Jonathan est propriétaire de Financial Data, qui publie le magazine *Individual Investor*.

STEINHARDT. New York. Le gestionnaire de fonds spéculatifs et magnat Michael Steinhardt a une "passion", dit-on : la "continuité juive". Même , bien qu'il soit "un athée avoué" selon le magazine *Avenue*, Steinhardt reste "l'un des plus grands défenseurs américains des causes juives et israéliennes". Il est l'un des financiers de *Forward*, l'influent hebdomadaire juif basé à New York.

STERN & LINDENBAUM. New York. Héritier de la fortune de Hartz Mountain (produits pour animaux de compagnie), Leonard Stern possède le journal "libéral" *Village Voice* et est engagé dans diverses entreprises immobilières. Son fils Emanuel dirige le SoHo Grand Hotel et est marié à l'influente famille Peck (voir PECK). La richesse de la belle-mère de Leonard, Ghity Amiel Lindenbaum, contribue également à la fortune familiale.

STONE. Cleveland. Irving, Morris et Harry Stone étaient les héritiers de l'American Greetings (card) Corporation. Le personnage de dessin animé "Ziggy" est l'une de leurs contributions à la culture populaire.

STONEMAN. Boston. Samuel Stoneman était vice-président du conseil d'administration de la General Cinema Corporation. Ses filles sont Jane Stein et Elizabeth Deknatel. Elles dirigent la fondation familiale.

AARON STRAUS. Baltimore. La fortune de la famille repose sur la société nationale Reliable Stores Corporation. Ils contribuent largement aux "bonnes" causes dans la région de Baltimore.

NATHAN & OSCAR STRAUS. New York. Héritiers de la fortune des grands magasins R. H. Macy et Abraham & Straus. Oscar Straus II et Oscar Straus III sont aujourd'hui des figures clés de la famille.

STRAUSS. Dallas. Ancien président national du parti démocrate et ambassadeur des États-Unis en Russie, Robert Strauss est un avocat très influent du cabinet Akin, Gump, Strauss, Hauer & Feld. Fils de Charles, un commerçant, Robert Strauss a joué un rôle clé dans l'accession de Lyndon Johnson à la présidence. L'épouse de son frère Ted, Annette, a été maire de Dallas.

STRELITZ. Norfolk, Virginie. La chaîne d'ameublement Haynes, basée en Virginie, est à l'origine de la richesse de cette famille. E. J. Strelitz est le PDG de l'entreprise.

SWIG. San Francisco. Cette famille possède l'hôtel Fairmont à San Francisco et d'autres Fairmonts à travers le pays. L'hôtel Plaza est l'un des joyaux de la couronne. Benjamin Swig et son fils Melvin ont ouvert le premier centre commercial des États-Unis. Ben était associé à Jack Weiler (voir ARNOW-WEILER) dans le secteur de l'immobilier commercial. Le frère de Ben, Richard, et les fils de Ben, Kent, Robert et Steven, sont impliqués dans les activités de la fondation familiale, de même qu'un beau-frère, Richard Dinner.

SYMS. New York. Syms, à la tête de la Syms Corp. qui possède une chaîne de 40 magasins vendant des marques de créateurs à des prix réduits, a fait entrer son fils Robert et sa fille Marcy dans l'entreprise familiale. Marcy a été vice-présidente du Congrès juif américain. La famille s'est également lancée dans l'immobilier.

TAUBER. Détroit. Joel Tauber a fait fortune dans l'industrie manufacturière : Key Fasteners, Key Plastics (pièces automobiles), Keywell Corporation (ferraille) et Complex Tooling & Molding (pièces informatiques). Son fils Brian est impliqué dans l'entreprise familiale. Sa fille Ellen Horing est gestionnaire de fonds à New York. Une autre fille, Julie McMahon, travaille avec des enfants défavorisés.

TAUBMAN. New York. Développeur de grands centres commerciaux dans tout le pays, Taubman a eu des relations d'affaires précoces avec Max Fisher de Detroit (voir MAX FISHER) et a été étroitement associé à Leslie Wexner (voir WEXNER) des magasins The Limited. Taubman a participé à l'achat et à la vente du ranch Irvine dans le sud de la Californie. Taubman a acheté la maison de vente aux enchères Sotheby's et a été condamné à un an de prison pour entente sur les prix. *Vanity Fair* a rapporté fin 2002 que Taubman était une figure populaire parmi ses codétenus. Ses fils William et Robert sont des acteurs importants de l'empire familial.

TISCH. New York. Principaux partisans d'Israël, surtout connus aujourd'hui pour leur contrôle de l'empire audiovisuel CBS, Lawrence et Preston Tisch comptaient parmi les juifs les plus puissants d'Amérique, bien que Lawrence soit récemment décédé. Loews, CAN Financial, Lorillard et Bulova font tous partie de l'empire Tisch. Lawrence avait des fils, James, Daniel, Tom et Andrew, ce dernier faisant partie du comité exécutif de l'American Israel Public Affairs Committee. Preston, qui possède l'équipe des Giants, a été ministre des Postes des États-Unis. Son fils Steve est cinéaste et son fils Jonathan est président des hôtels Loew's.

TISHMAN. New York. Cette famille de constructeurs comprend David, Norman, Paul, Louis et Alex. De nombreux membres de la famille sont très actifs dans les affaires juives. Nina Tishman Alexander et son mari Richard Alexander, ainsi que Bruce Diker, un autre héritier de la famille, font partie des membres de la famille engagés dans diverses causes.

WASSERMAN. Los Angeles. Feu Lou Wasserman, longtemps à la tête de MCA, le conglomérat du divertissement, a été, avec son partenaire Jules Stein, l'un des parrains de l'ascension (cinématographique et politique) de Ronald Reagan. Il a été surnommé le "roi" d'Hollywood.

WEILL. New York. En tant que président-directeur général du groupe Travelers, Sanford Weill est l'un des magnats juifs les plus riches d'Amérique. Son fils Marc est à la tête de Travelers. Sa fille Jessica Bibliowicz dirige Smith Barney Mutual Funds.

WEINBERG. Baltimore-Hawaï. Harry Weinberg a débuté dans le secteur des transports en commun à Baltimore, puis a étendu ses activités à Hawaï, où il est devenu un acteur majeur de l'immobilier dans les années 1950, lorsque le tourisme aérien vers les îles a connu un véritable essor.

WEINER. New York. Président-directeur général de la Republic National Bank of New York et de la Republic New York Corporation - fondée par Edmond Safra (voir SAFRA) - Walter Weiner a été l'un des associés fondateurs de Kronish, Lieb, Weiner & Hellman. Ses fils sont John et Tom.

WEXNER. New York-Columbus, Ohio. Leslie Wexner possède tout : The Limited, Express, Lerners, Victoria's Secret, Henry Bendel, Abercrombie & Fitch, Bath and Body Works et Lane Bryant. Il se préoccupe particulièrement de la formation des futurs dirigeants juifs.

WINIK. New York. Elaine Winik a été la première femme présidente de la Fédération de l'Appel juif unifié et présidente de l'Appel juif unifié.

Sa fille Penny Goldsmith est une figure majeure de l'AIPAC et de l'ADL. La fortune des Winik s'est faite dans la production de sacs à main.

HIVER. Milwaukee. Elmer Winter a créé Manpower, l'agence de travail temporaire qui compte 1 000 bureaux dans 32 pays. Il a également joué un rôle actif dans le développement des relations commerciales entre les États-Unis et Israël et a été directeur national de l'American Jewish Committee.

WOLFENSOHN. New York. Né en Australie et formé à la banque d'affaires à Londres, James Wolfensohn est devenu associé exécutif chez Salomon Brothers à New York. En 1995, il est nommé à la tête de la Banque mondiale, véritable centrale juive à lui tout seul.

WOLFSON. Miami. La Wolfson-Meyer Theater Company est devenue Wometco et a été rachetée en 1984 par Kohlberg, Kravis, Roberts & Company après s'être imposée comme pionnière du cinéma et de la télédiffusion dans les années 1920. Les sociétés d'investissement Wolfson Initiative Corporation et Novecentro Corporation font partie de l'empire familial. Les membres de la famille comprennent Louis III et Mitchell. Le Wolfson le plus connu est le tristement célèbre Louis, qui s'est retrouvé mêlé à un scandale désagréable impliquant l'ancien juge de la Cour suprême des États-Unis, William O. Douglas, qui recevait de l'argent de la fondation de la famille Wolfson.

ZABAN. Atlanta. Mandle Zaban, son frère Sam et son fils Erwin ont créé, à partir d'une entreprise d'entretien, Zep Manufacturing, qui s'est transformée en National Service Industries, aujourd'hui dirigée par Erwin, qui a été directeur de l'Anti-Defamation League.

ZALE. Texas. Morris Zale a créé l'une des plus grandes chaînes de bijouterie du monde, mais la société a été vendue en 1987. Les héritiers David, Marjory, Stanley et Janet sont actifs dans les affaires juives. Les deux fils travaillent toujours dans le secteur de la bijouterie.

ZARROW. Tulsa, Oklahoma. Henry et Jack Zarrow produisent des pièces et des fournitures pour les installations pétrolières par l'intermédiaire de la société Sooner Pipe and Supply Corporation.

ZILKHA. Véritable famille juive "mondiale", les Zilkha sont les héritiers de la Banque internationale Zilkha, qui était la plus grande banque commerciale privée du monde arabe. Après la création d'Israël, la famille francophone basée à Bagdad s'est installée à l'ouest. Le chef de famille, Ezra, a un fils, Elias, et des filles, Donna Zilkha Krisel et Bettina-Louise. Acteurs majeurs de la petite élite juive sépharade en Amérique et actifs en Israël, ils se sont également lancés dans l'armement. Ils se sont également lancés dans la fabrication d'armes.

ZIMMERMAN. Boston-Atlanta-Palm Beach. Harriet Morse Zimmerman, fille d'un fabricant de chaussures de Boston, a été vice-présidente de l'AIPAC et s'est un jour vantée avec arrogance que "le plus grand donateur d'Israël au monde est le Congrès américain". Son fils Robert est actif à Westport, dans le Connecticut. Sa fille Claire Marx et son gendre, Mark O'Leary, sont également très impliqués dans les affaires juives.

Voilà donc une vue d'ensemble des familles juives les plus puissantes d'Amérique. Comme nous l'avons dit, cette liste n'est en aucun cas exhaustive. De nombreux autres noms pourraient être ajoutés à la liste, généralement des noms moins connus (pour ainsi dire) dans certaines villes et localités plus petites du pays.

En outre, un nombre croissant de puissantes et riches familles juives étrangères - d'Israël, d'Iran, de Russie et d'ailleurs - s'installent sur les côtes américaines.

Il serait certes commode, pour des raisons littéraires, de pouvoir dire qu'il existe "200" ou "300" ou "400" familles particulières - à la manière de certains ouvrages fantaisistes et conspirationnistes, voire à la manière des magazines *Forbes* et *Fortune* - mais cela trahirait la réalité.

Ce que nous avons rassemblé ici, dans un format facile à lire, sur la base d'une source tout à fait "respectable" et sympathique, est un compte rendu parfaitement acceptable du vaste éventail de richesses et de pouvoirs rassemblés dans un nombre relativement restreint de mains, quelques familles dont les visages et les noms sont en grande partie inconnus du public américain (ou mondial) dans son ensemble.

Mais soyez assurés qu'ils sont puissants et que les personnes en coulisses (et celles qui occupent des fonctions politiques) savent très bien qui sont ces courtiers de l'élite. Ils sont, comme nous l'avons dit, capables de faire des présidents et des politiciens américains, et ils sont capables de les briser. Ils sont vraiment ceux qui règnent en maître sur l'Amérique, la nouvelle Jérusalem.

Et maintenant, avant de procéder à un examen approfondi de faits et de chiffres très spécifiques concernant la vaste richesse et le pouvoir de l'élite sioniste, faisons encore une brève digression et examinons un entrepreneur américain particulièrement connu qui - bien qu'il ne soit pas juif (pour autant que l'on sache) - doit en fait son ascension vers la célébrité et la richesse au soutien en coulisses de certaines des familles sionistes les plus puissantes des États-Unis aujourd'hui. Il s'agit du seul et unique Donald Trump.

Qui se cache derrière Trump ?

L'étrange histoire du "Donald"

Non, Donald Trump n'est pas juif, mais une enquête sur les antécédents de ce flamboyant entrepreneur américain donne des indications surprenantes sur le chemin de Trump vers le pouvoir et l'influence, car le fait est que l'ascension de Trump vers la célébrité est la conséquence directe du fait qu'il n'a guère été plus qu'un homme de paille coloré pour des commanditaires très riches dans les coulisses. L'histoire de l'homme d'affaires haut en couleur (et désormais star de la télévision) appelé "The Donald" montre comment des individus et des intérêts financiers non juifs peuvent atteindre des sommets grâce au parrainage d'intérêts juifs.

Tout le monde connaît, bien sûr, les opérations de jeu de Trump et les liens étendus de l'industrie du jeu avec le crime organisé.

Mais l'histoire est bien plus vaste que cela. Dans ses propres mémoires, *The Art of the Deal*, Trump décrit fièrement comment, en 1987, il a acheté ses premiers intérêts dans des casinos en acquérant 93% des actions avec droit de vote de l'entreprise de jeux Resorts International.

Ce que Trump ne dit pas à ses lecteurs, c'est ce que feu Andrew St. George a rapporté dans *The Spotlight* le 30 octobre 1978 (et dans le numéro précédent du 25 septembre 1978) : que Resorts International a été créé et contrôlé par des hommes de paille des familles Rockefeller et Rothschild et leurs "hommes de main" de la CIA et de son agence de renseignement alliée, le Mossad d'Israël.

Le rapport de *Spotlight* s'est concentré sur les activités de Resorts International et a fourni aux lecteurs une vue d'ensemble des rackets de jeux "fixes" menés par les éléments de la pègre.

Ce qui a rendu le rapport si explosif, c'est que ce journal a souligné que les casinos illégalement truqués étaient exploités avec la collusion de politiciens "respectables", de représentants des forces de l'ordre, de financiers de Wall Street qui ont accordé des prêts pour financer les centres de jeux, et des exploitants de centres de jeux très en vue eux-mêmes.

En outre, comme l'a souligné M. St. George, nombre de ces casinos gérés par la mafia par l'intermédiaire de divers hommes de paille ont en fait été engagés dans un partenariat de *facto* avec des mafieux en coulisse qui ont aidé la CIA et le Mossad à blanchir massivement les profits de la drogue et du jeu qui ont été canalisés vers des opérations secrètes des deux agences de renseignement alliées. En retour, la CIA et le Mossad, usant de leur propre influence, ont assuré la "protection" des opérations de jeu illégalement fixées sur le site, empêchant ainsi les autorités chargées de l'application de la loi de sévir contre cette corruption.

Quelle est la place du futur président Donald Trump dans ce tableau ? Pour trouver la réponse, il faut se tourner vers les origines obscures de Resorts International.

En fait, Resorts est issue d'une société écran de la CIA créée au début des années 1950 par Allen Dulles, alors directeur de la CIA, et son proche associé, Thomas E. Dewey, gouverneur de l'État de New York pendant trois mandats, fonctionnaire politique de l'aile dite "républicaine de Rockefeller" du GOP.

La société écran en question était la Mary Carter Paint Company, au nom inoffensif, qui exploitait en fait une chaîne nationale de magasins de peinture, mais qui avait été créée pour fonctionner comme une opération secrète de blanchiment d'argent de la CIA.

En 1958-59, Dewey et un certain nombre d'associés ont utilisé 2 millions de dollars de fonds de la CIA pour acheter une participation majoritaire dans la Crosby-Miller Corporation (dirigée par James Crosby, un ami de Dewey), qui a ensuite fusionné avec Mary Carter.

La nouvelle société a notamment blanchi l'argent de la CIA pour armer les exilés cubains anticastristes. La société s'est également lancée dans de lucratives entreprises de jeux de casino dans les Caraïbes, où la CIA était très active à l'époque, ayant engagé le syndicat du crime Lansky dans des complots aujourd'hui largement documentés et connus de tous, visant le premier ministre Fidel Castro, qui avait mis la mafia en colère en fermant ses entreprises de jeux cubaines.

Il n'est donc pas surprenant qu'en 1963, Alvin Malnik, l'un des principaux hommes de main de Meyer Lansky, patron du syndicat du crime, ait été étroitement lié aux activités de Mary Carter Paint.

Imaginez le nombre d'Américains respectueux de la loi qui ont acheté les produits de peinture de Mary Carter et qui auraient été surpris d'apprendre qu'ils contribuaient à financer une opération conjointe de la CIA et de la mafia qui se cachait derrière le visage souriant d'une "femme au foyer américaine typique", la fictive "Mary Carter" dont le visage ornait ses produits.

En 1963, Mary Carter Paint se sépare de sa division peinture et, au cours des années suivantes, commence à développer ses activités de casino, en particulier aux Bahamas.

En 1967-68, Mary Carter Paint a officiellement changé de nom pour devenir Resorts International et a entamé une expansion massive à l'échelle internationale. Le Spotlight a déterminé que plusieurs investisseurs principaux ont fourni les fonds et les actifs nécessaires à l'entreprise :

- Meyer Lansky, reconnu comme le "président du conseil d'administration" et le principal financier du syndicat des jeux de la pègre, qui entretenait des liens de longue date non seulement avec Israël et le Mossad, mais aussi avec la CIA et la communauté du renseignement américain ;

- David Rockefeller, chef de l'empire financier Rockefeller, qui a mis à disposition l'influence de sa famille et ses relations avec la CIA et les banques mondiales pour contribuer à l'opération ;

- L'Investors Overseas Service (IOS), alors le plus grand conglomérat de capital aérien au monde, contrôlait des actifs d'une valeur de 2,5 milliards de dollars. Le chef nominal de l'IOS était le coloré Bernard Cornfeld. Cependant, Cornfeld lui-même n'était que l'homme de paille de deux directeurs en coulisses :

- Tibor Rosenbaum, qui était non seulement le principal financier du Mossad basé en Suisse et responsable des ventes d'armes secrètes, mais aussi le chef de la Banque de Crédit Internationale de Genève, la principale blanchisserie d'argent européenne du syndicat Lansky ; et

- Baron Edmond de Rothschild de la famille bancaire européenne et partenaire commercial personnel de Rosenbaum dans les entreprises de Rosenbaum liées au Mossad, qui vont très loin ; et enfin,

- William Mellon Hitchcock, l'un des héritiers de la fortune de la famille Mellon (l'une des plus grandes fortunes familiales privées d'Amérique qui, pendant de nombreuses années, a également entretenu des liens étroits avec la CIA).

C'est ce groupe qui a capitalisé Resorts International qui, par le biais d'un vaste programme de relations publiques, aidé et encouragé par les médias américains, a promu le mythe selon lequel la "nouvelle" société était en train de "nettoyer" les jeux d'argent. Pour promouvoir cette fable, la nouvelle entreprise a embauché (à des salaires exorbitants) une série d'anciens agents du FBI et de la CIA, ainsi que des juristes du ministère de la justice, qui ont assuré au monde entier que les jeux d'argent gérés par Resorts International étaient "exempts de syndicats" et "adaptés aux familles", même si les faits ne sont pas avérés.

Resorts International s'est développée à pas de géant et est rapidement devenue l'une des entreprises de jeu les plus rentables. En 1970, les figures de la pègre qui géraient les casinos (en collaboration avec leurs partenaires en coulisses) ont commencé à prendre des mesures pour étendre les jeux de casino aux États-Unis.

Le chef de la mafia, Meyer Lansky, a convoqué une réunion de haut niveau des membres du syndicat du jeu à Acapulco, au Nouveau-Mexique, et c'est là que les mafieux réunis ont désigné la station balnéaire en déclin d'Atlantic City comme leur première nouvelle cible. (Avant cela, bien sûr, la mafia avait déjà fait du Nevada le seul avant-poste des jeux d'argent légalisés sur le sol américain). À la suite de cette réunion, les ressources de Resorts International ont été utilisées (publiquement et en privé) pour lancer la campagne de lobbying qui a abouti à la légalisation des jeux d'argent à Atlantic City et, une fois que la législature du New Jersey a ouvert l'État du Jardin, Resorts s'y est installé.

En 1987, à la mort de James Crosby, l'homme de paille de la CIA, qui dirigeait nominalement Resorts International, le jeune magnat de l'immobilier new-yorkais Donald Trump est entré en scène et a racheté les parts de Crosby dans l'empire du jeu.

Trump est rapidement devenu un nom familier, avec sa personnalité colorée et son insistance à donner son nom à toute une série d'hôtels de luxe, d'immeubles d'habitation et d'autres entreprises commerciales. Mais alors que le nom "Trump" faisait la une des journaux, les noms des véritables artisans de Resorts International restaient cachés au public. Compte tenu des origines de Resorts International, il ne fait aucun doute que Trump n'aurait pas pu prendre la direction de cette entreprise s'il n'avait pas bénéficié du soutien discret de ceux qui l'ont créée.

Trump lui-même a fini par se défaire de son rôle dans Resorts International pendant la période de sa "faillite" très médiatisée, mais il reste un acteur majeur sur la scène financière et dans l'industrie du jeu.

Ainsi, si Trump - personnage majeur de la scène américaine - n'est évidemment pas d'origine juive, il doit assurément beaucoup au patronage de l'élite sioniste. Et cela en dit long sur les voies du pouvoir en Amérique - la nouvelle Jérusalem. Allons de l'avant et examinons ceux qui constituent définitivement la nouvelle élite américaine.

Des faits et des chiffres clairs et précis :

Le pouvoir sioniste en Amérique aujourd'hui - selon des sources juives

Une note introductive...

Dans les pages qui suivent, on trouvera une grande variété de citations tirées mot pour mot d'une variété tout aussi grande de sources diverses, dont la quasi-totalité sont des écrivains, des chercheurs, des journalistes et des universitaires juifs. Dans les rares cas où ces citations ne proviennent pas de sources juives à proprement parler, elles sont néanmoins issues de ce que l'on pourrait vaguement qualifier de sources "pro-juives" ou "pro-sionistes".

Aucune de ces sources ne peut être qualifiée d'"antisémite" de quelque manière que ce soit, pas même par l'auguste Anti-Defamation League !

Les citations sont toutes clairement citées avec des notes de bas de page et sont directes et non abrégées, à moins qu'elles ne soient clairement signalées par des ellipses. Les titres en gras apparaissant avant chaque citation sont des mots récapitulatifs sélectionnés par l'auteur/rédacteur à des fins descriptives et pour subdiviser les divers domaines du pouvoir et de l'influence juifs et sionistes dont il est question ici. Veuillez noter que ces titres en gras ne font pas partie de la citation elle-même et ne doivent pas être cités comme tels par les chercheurs et les écrivains qui utilisent ce volume comme ouvrage de référence.

Nous pensons que cet ensemble de citations est le conglomérat le plus percutant et le plus instructif - tiré d'ouvrages récemment publiés - qui ait jamais été rassemblé à l'époque moderne et, sans aucun doute, l'aperçu le plus concis et le plus complet de la richesse et du pouvoir de ceux qui règnent en maîtres dans la nouvelle Jérusalem.

Il existe de nombreux documents sur ce sujet si l'on cherche aux bons endroits, mais dans les pages de cet ouvrage, vous trouverez tout cela étroitement lié en un seul endroit, une référence pratique pour ceux qui osent se plonger dans l'un des sujets les plus controversés de notre époque : Le pouvoir sioniste en Amérique.

Et c'est ainsi que nous commençons...

LES FINANCIERS JUIFS ONT PROFITÉ DE REAGAN

Le premier domaine dans lequel les Juifs deviennent importants dans le régime républicain des années 1980 est la politique économique. Bien que les Juifs jouent un rôle majeur dans le camp politique libéral, un petit groupe de banquiers et de financiers juifs devient, au cours des années 1980, un allié important de l'administration Reagan et un agent clé de ses programmes économiques et fiscaux. Les juifs ont présidé à la grande expansion des liquidités - argent et crédit - qui a alimenté le boom économique et l'expansion des valeurs boursières de l'ère Reagan. L'administration Reagan était entrée en fonction en vantant les vertus de la concurrence sur le marché libre et du capitalisme sans entraves, et en promettant de restaurer la prospérité nationale en baissant les impôts, en réduisant l'ingérence de l'État dans l'économie et en limitant la lourdeur de la réglementation gouvernementale sur les entreprises. Les financiers juifs ont joué un rôle essentiel en aidant l'administration à tenir ses promesses. En retour, l'administration a, pendant un certain temps, protégé ces financiers contre les attaques de leurs adversaires corporatistes et politiques.[15]

UN MARIAGE DE COMPLAISANCE

En mettant en œuvre ses politiques, l'administration [Reagan] s'est retrouvée dans une alliance de facto avec un petit, mais puissant, groupe de banquiers et de financiers juifs. Ce groupe d'individus a créé ou perfectionné les nouveaux instruments financiers qui, ensemble, ont servi les intérêts de l'administration en augmentant l'offre de crédit au cours des années 1980, ce qui, à son tour, a alimenté le grand marché haussier de cette époque.

---

[15] Ginsberg, p. 189.

Par exemple, les financiers et les négociants juifs ont perfectionné les contrats à terme sur les indices boursiers, qui ont considérablement accru la liquidité du système financier en permettant des transactions de titres à fort effet de levier....

Des financiers juifs tels que Saul Steinberg, Victor Posner, Carl Icahn, Nelson Pelz, la famille Belzberg, Sir James Goldsmith et d'autres ont été parmi les principaux acteurs de ces OPA hostiles.

Parmi les principaux acteurs dans le domaine des rachats d'entreprises, seuls deux - T. Boone Pickens et Carl Lindner, basé à Cincinnati - n'étaient pas juifs. Boone Pickens et Carl Lindner, basé à Cincinnati, n'étaient pas juifs.

Les arbitragistes juifs - Ivan Boesky est devenu le plus célèbre d'entre eux - ont joué un rôle majeur dans l'acquisition d'énormes blocs d'actions, facilitant ainsi les tentatives de prise de contrôle.

Les juifs ont été les pionniers de l'échange de programmes qui, entre autres, ont permis aux entreprises de générer des revenus excédentaires dans leurs fonds de pension qui pouvaient être utilisés pour d'autres objectifs de l'entreprise.

Au cours des années 1980, l'administration Reagan et les financiers juifs ont bénéficié d'un mariage de convenance parfait. L'administration était soucieuse de promouvoir la croissance économique et d'accroître la prospérité de ses électeurs haut de gamme, même si cela devait se faire aux dépens des ouvriers et des dirigeants d'entreprise dont les sociétés étaient absorbées ou tout simplement mises en faillite.

De leur côté, les financiers juifs voient une occasion sans précédent d'acquérir richesse et pouvoir avec la bénédiction et la protection du gouvernement fédéral.[16]

---

[16] *Ibid.* p. 192.

FINANCIERS JUIFS ET OBLIGATIONS DE PACOTILLE

En tant qu'outsiders, en marge des secteurs de la banque et des valeurs mobilières, les Juifs étaient mieux à même de voir et d'utiliser les nouvelles opportunités offertes par la déréglementation financière et le climat permissif de l'ère Reagan. Alors que les banquiers d'affaires traditionnels offraient des conseils et une assistance financière à leurs clients impliqués dans des fusions et des acquisitions, les nouveaux venus juifs étaient prêts à participer eux-mêmes à ces acquisitions. Les juifs parvenus ont vu les incroyables possibilités inhérentes aux obligations de pacotille que les entreprises établies dédaignaient. Les Juifs ont perfectionné l'art de l'arbitrage des risques, un autre domaine snobé par les WASP de Wall Street. Les nouveaux arrivants juifs et quelques-uns de leurs alliés non juifs ont vu la possibilité d'utiliser les obligations à haut risque pour financer des tentatives de prise de contrôle hostile.

Dans leurs efforts, les financiers juifs ont bénéficié de la bénédiction et de la protection de l'administration Reagan. L'administration courtisait les financiers et les protégeait d'un Congrès hostile.[17]

PRATIQUEMENT TOUS LES SPÉCIALISTES DES OFFRES PUBLIQUES D'ACHAT

Les activités des financiers juifs, en particulier leur implication dans la vague de rachats d'entreprises qui a eu lieu entre 1985 et 1986, au cours de laquelle près d'un quart des entreprises figurant dans la liste Fortune 500 ont disparu, ont suscité de vives critiques de la part d'un certain nombre de quarts....

De nombreux opposants de Reagan au sein du parti démocrate et des médias libéraux ont compris que c'est l'alliance de fait entre l'administration et les financiers juifs qui a permis de dégager suffisamment d'argent et de crédit pour alimenter l'expansion économique malgré les énormes déficits budgétaires qui auraient autrement réduit la disponibilité des capitaux pour les entreprises privées..... Il n'est apparemment pas passé inaperçu dans les bureaux

---

[17] *Ibid*, p. 193

des dirigeants du pays que la quasi-totalité des spécialistes de la reprise et de leurs bailleurs de fonds étaient juifs.[18]

DES BÉDOUINS À BORD D'AVIONS À RÉACTION

Les Juifs syriens, qui se sont regroupés à Brooklyn, New York, ont également émergé comme une force majeure dans l'industrie des vêtements de sport, en particulier les lignes de blue-jeans telles que Jordache et Gitano. À bien des égards, ces nouveaux venus constituent un retour à une tradition encore plus ancienne d'hommes d'affaires juifs transnationaux. Produits d'une communauté constamment assiégée, ils voyagent dans le monde entier comme des Bédouins dans des jets, avec peu de loyauté au-delà des opérations de leur famille immédiate. [19]

CALIFORNIE, ILS ARRIVENT...

... la communauté juive du Grand Los Angeles et de Californie, qui a plus que doublé au cours des années 1970 et 1980, continue de croître en puissance et en taille, attirant des Juifs d'autres régions des États-Unis, ainsi que [des Juifs d'Iran, d'Israël et de Russie]. En 1990, la population juive de Los Angeles - qui, en 1920, comptait moins de résidents juifs que Buffalo, dans l'État de New York - avait augmenté de plus de 150 000 personnes pour atteindre quelque 600 000, ce qui en faisait le deuxième centre de la diaspora [monde juif en dehors d'Israël - ndlr] par ordre d'importance après New York.[20]

MEDIA : UNE INFLUENCE DISPROPORTIONNÉE

Bien qu'ils ne contrôlent pas les médias et les arts, comme le suggèrent certains antisémites, les Juifs exercent une influence disproportionnée sur le cinéma, l'édition, la publicité et le théâtre. Dans les médias, selon une enquête réalisée dans les années 1970, un quart des personnalités

---

[18] *Ibid*, pp. 194-197

[19] Joel Kotkin. *Tribus*. (New York : Random House, 1993), p. 51.

[20] *Ibid*, p. 61.

dirigeantes étaient juives, soit plus de dix fois leur pourcentage dans la population générale.[21]

LE VRAI POUVOIR À HOLLYWOOD

Le pouvoir juif à Hollywood n'est plus centré sur les propriétaires des studios, mais sur les divers agents, producteurs indépendants et scénaristes qui dominent de plus en plus l'industrie, y compris les promoteurs tels que Arnon Milchan, Michael Ovitz et David Geffen, un ancien agent [artistique] et producteur de disques que Forbes a identifié en 1990 comme "l'homme le plus riche d'Hollywood". Les compétences juives traditionnelles en matière de vente, de marketing et d'assemblage des divers "éléments" nécessaires au montage d'une production restent essentielles.... Margo Bernay, agent commercial d'un syndicat artisanal, dont la famille a commencé à se rendre à Hollywood depuis les anciens quartiers juifs d'East Los Angeles dans les années 1930, fait remarquer que les compétences traditionnelles des Juifs en matière de vente, de marketing et d'assemblage des divers "éléments" nécessaires au montage d'une production restent essentielles :

"Si vous regardez le vrai pouvoir dans cette ville, ce sont les agents, les producteurs ; ce n'est pas le fait des studios. Autrefois, les studios possédaient les talents ; aujourd'hui, ce sont les talents qui possèdent les studios. C'est donc là que se trouvent les Juifs, la créativité, le talent, le glamour, le pouvoir. C'est le côté sechel [raison] de l'entreprise, la mentalité. C'est la partie de l'entreprise qui n'a pas les frontières que l'on trouve dans les grandes sociétés - elle vous donne l'espace que les Juifs ont été élevés à revendiquer".[22]

LA NOUVELLE INVASION DE L'IMMIGRATION JUIVE

... Malgré les prédictions répétées de sa disparition démographique, la communauté juive américaine a continué à se développer ; entre 1970

---

[21] Ibid.

[22] *Ibid.* p. 61-62.

et 1990, face à l'augmentation des mariages mixtes et à la faible natalité, le nombre de juifs se définissant comme tels en Amérique a augmenté de 300 000. Cette faible croissance de la population est due en partie à l'immigration à grande échelle des communautés de la diaspora en Iran et en Afrique du Sud.

L'émigration en provenance de l'Union soviétique a été la plus importante, avec un total de plus de 250 000 personnes ; en 1991, 100 000 autres personnes munies d'un visa attendaient leur tour pour partir.

Les raisons de cette préférence pour la *galout* détestée, ou l'exil, varient. Pour certains, la présence de parents aux États-Unis, où se trouve de loin la plus grande communauté de descendants de Juifs russes, a fait toute la différence.

Un autre facteur est franchement économique : l'Amérique, où les Juifs sont les plus riches de tous les grands groupes ethniques, offre généralement un bien meilleur champ d'opportunités aux Juifs soviétiques, pour la plupart bien éduqués, que le minuscule Israël.

Il est certain que ceux qui sont venus, malgré les problèmes habituels d'adaptation, se sont raisonnablement bien débrouillés. En quelques années, selon une enquête nationale récente, la famille juive soviétique moyenne [en Amérique] gagne plus par an que la famille américaine moyenne.[23]

LES ISRAELIENS TROUVENT UNE NOUVELLE "TERRE DE LAIT ET DE MIEL"

Compte tenu de leur succès en Amérique, peu de Juifs américains ont émigré en dehors des États-Unis. Pourtant, la tradition juive bédouine se perpétue chez d'autres membres de la tribu, notamment et ironiquement chez les Israéliens.

Au lieu de devenir les "fils de la terre" célébrés par les premiers sionistes, pas moins de 800 000 Israéliens, produits d'un petit pays

---

[23] *Ibid.*, p. 63.

relativement pauvre et déchiré par la guerre, ont cherché de meilleures opportunités ailleurs.

Certaines années, en particulier avant la migration massive en provenance de Russie, le nombre d'Israéliens sortants a en fait dépassé le nombre d'immigrants.

Bien que présents dans des pays aussi différents que la Finlande et Singapour, c'est aux États-Unis qu'ils s'installent le plus volontiers, un demi-million d'entre eux étant concentrés dans les principales colonies de New York et de Los Angeles.

En comparaison, l'immigration juive américaine totale en Israël au cours des quatre décennies qui ont suivi 1948 n'a pas dépassé 60 000 personnes, soit moins de la moitié du nombre d'Israéliens qui ont légalement demandé le statut d'immigrant américain à part entière entre 1970 et 1987.[24]

LA SILICON VALLEY : LA NOUVELLE TERRE PROMISE

... Les "Israéliens errants" d'aujourd'hui, par exemple, ont atteint des positions dans les rangs les plus élitistes des techniciens et autres professionnels. Les ingénieurs représentent à eux seuls près de 20% du total, avec environ 13 000 scientifiques, ingénieurs et autres professionnels travaillant dans les seules industries de haute technologie de Californie, une population qui représente environ un tiers de la taille de la main-d'œuvre technique israélienne née dans le pays.[25]

LA FINANCE JUIVE : "UN PARFUM INTERNATIONAL

Bien qu'il n'y ait aucune preuve réelle d'une conspiration internationale de banquiers juifs, certains juifs du secteur bancaire ont conspiré. Le jeu de l'argent exerce sur les Juifs une fascination que certains

---

[24] *Ibid.* p. 63-64.

[25] *Ibid.* p. 64-65.

pourraient qualifier d'équivalente au sexe pour les Français, à la nourriture pour les Chinois et au pouvoir pour les politiciens. Et depuis que la diaspora a dispersé les communautés juives, leurs préoccupations financières ont toujours eu une saveur internationale. Mais certains juifs ont dépassé les limites de la morale et de la loi dans le domaine de la banque internationale.[26]

L'ART : "UNE FORTE SAVEUR JUIVE

... L'art juif ? Il n'y a pas si longtemps, cette phrase aurait été une contradiction dans les termes. Dans 99,9% de l'expérience juive, il n'y avait pas de grand art. L'art populaire oui, décoratif et ornemental, mais le travail sérieux au sens occidental, non. Aujourd'hui, la situation a complètement changé et les Juifs sont présents à tous les niveaux du monde de l'art : en tant qu'artistes, marchands, collectionneurs, critiques, conservateurs, consultants et mécènes. En fait, la scène artistique contemporaine a une forte saveur juive. Dans certains cercles, les rouleurs et les marchands sont appelés la mafia juive, car ils détiennent le pouvoir, le prestige et, surtout, l'argent. Et, comme pour le capo de la famille, l'influence est distribuée adroitement : les artistes qui ont vécu des années de négligence sont transformés en succès du jour au lendemain ; les succès sont guillotinés si rapidement qu'ils peuvent ne pas savoir qu'ils ont été décapités.[27]

MON FILS, LE...

... Les États-Unis comptent environ 30 000 médecins juifs, soit près de 14% de l'ensemble des médecins exerçant en cabinet privé.[28]

Sur les cinq cent mille avocats, on estime que plus de vingt pour cent sont juifs, soit près de dix fois la représentation que l'on pourrait attendre. En 1939, on estimait que plus de la moitié des avocats exerçant

---

[26] Gerald Krefetz. *Les Juifs et l'argent : The Myths and the Reality.* (New Haven et New York : Ticknor and Fields, 1982), p. 101.

[27] *Ibid.*, p. 140.

[28] *Ibid.*, p. 167.

à New York étaient juifs. Aujourd'hui, la proportion est encore plus grande : peut-être trois avocats sur cinq sont juifs.

La dernière enquête sur le barreau de New York a révélé que 60% des 25 000 avocats de la ville étaient juifs, 18% catholiques et 18% protestants. La plupart des avocats juifs - environ soixante-dix pour cent d'entre eux - sont issus de l'Europe de l'Est...[29]

Aujourd'hui, 15% des 740 000 avocats des États-Unis sont juifs. La représentation juive est sept fois plus importante que dans la population générale. Dans les milieux juridiques d'élite, la concentration est encore plus frappante.

Quarante pour cent des associés des principaux cabinets d'avocats de New York et de Washington sont juifs. Les Juifs occupent deux des neuf sièges (22%) de la Cour suprême.[30]

L'American Medical Association estime qu'il y a actuellement 684 000 médecins aux États-Unis. Les médecins juifs sont environ 100 000, soit 15%. Comme pour les avocats, ce chiffre est sept fois plus élevé que la part des Juifs dans la population générale. Neuf pour cent des demandes d'inscription à l'école de médecine en 1988 provenaient de juifs.[31]

Au moins 20% des professeurs des grandes universités américaines sont juifs, dont plus de 25% dans les prestigieuses écoles de médecine, 38% dans les écoles de droit similaires, et plus encore à Harvard, où la moitié des professeurs de droit sont juifs. Aujourd'hui, les Juifs représentent 20% des médecins et des juristes du pays.[32]

---

[29] *Ibid.*, p. 185.

[30] Steven Silbiger. *Le phénomène juif.* (Atlanta, Géorgie : The Longstreet Press, 2000), p. 62.

[31] *Ibid.*, p. 65.

[32] Lenni Brenner. *Jews in America Today.* (Seacaucus, New Jersey : Lyle Stuart, 1986), p. 62.

LES CITADINS...

Avant la Seconde Guerre mondiale, la majorité des Juifs vivaient en Europe, soit deux fois plus qu'aux États-Unis. Après l'Holocauste, deux fois plus de Juifs vivaient aux États-Unis qu'en Europe.

Sur les 14,4 millions de Juifs dans le monde... l'Amérique représente 5 900 000 personnes, soit 41% de la communauté juive mondiale. Les Juifs des États-Unis représentent 2,7% de la population.... Près de 60% des Juifs du pays vivent dans le nord-est, bien que la part relative de cette région semble avoir diminué récemment. Le centre-nord abrite 11,9% de la population juive, le sud 15,8% et l'ouest 14,3%. Par rapport aux moyennes nationales, les Juifs sont surreprésentés dans le nord-est, sous-représentés dans la région centre-nord et dans le sud, et presque à égalité avec la population de l'ouest.

En d'autres termes, le judaïsme est une religion urbaine, ou de plus en plus suburbaine. Plus de 77% de la population juive vit dans les quatorze plus grandes villes ou agglomérations de comtés. Presque tous les autres Juifs américains vivent dans des villes ou des agglomérations. Il y a relativement peu de Juifs ruraux.[33]

LES MIEUX ÉDUQUÉS

Dans l'après-guerre, les Juifs d'Amérique sont devenus les plus instruits de tous les grands groupes ethniques ou religieux américains. Au milieu des années 70, selon l'étude *Ethnicity, Denomination, and Inequality* (1976) du père Andrew M. Greeley, les juifs avaient en moyenne quatorze ans d'éducation, soit une demi-année de plus que les épiscopaliens, le groupe religieux américain le plus élevé socialement. Cela représentait une demi-année de plus que les épiscopaliens, le groupe religieux américain ayant le statut social le plus élevé. Alors que moins de la moitié des Américains allaient à l'université, plus de 80% des Juifs le faisaient et, comme l'indiquent les statistiques de Harvard, Princeton et Yale, les Juifs étaient plus susceptibles de fréquenter des

---

[33] Krefetz, pp. 241-242.

institutions d'élite. En 1971, par exemple, les Juifs représentaient 17% des étudiants des universités privées.[34]

LES PROFESSEURS JUIFS "SURPASSENT DE LOIN" LES GENTILS

En 1940, seuls 2% des professeurs américains étaient juifs. Dans les années 1970, ils étaient 10%. La présence juive d'après-guerre dans le monde universitaire est remarquable non seulement par sa proportion élevée, mais aussi par son profil distinctif. Les universitaires juifs se rassemblaient dans les domaines les plus exigeants sur le plan intellectuel - des domaines qui mettaient l'accent sur le raisonnement abstrait et théorique - et dans les institutions les plus prestigieuses.

Elles étaient surreprésentées en anthropologie, économie, histoire, mathématiques, physique et sociologie, et sous-représentées en agriculture, éducation, économie domestique, journalisme, bibliothéconomie, soins infirmiers et éducation physique.

L'ingénierie électrique, la branche la plus théorique de l'ingénierie, comptait une plus grande proportion de Juifs que l'ingénierie mécanique, civile ou chimique. La médecine est une profession à statut élevé et les Juifs sont représentés de manière disproportionnée en biochimie, bactériologie, physiologie, psychologie et dans d'autres domaines universitaires liés à la médecine.

Selon tous les critères possibles, Everett Carl Ladd Jr. et Seymour Martin Lipset ont écrit en 1975 que les universitaires juifs avaient "surpassé de loin leurs collègues gentils". À cette époque, les Juifs représentaient un cinquième du corps professoral des universités d'élite et un quart du corps professoral de l'Ivy League. Ils représentaient une proportion encore plus importante des professeurs de l'Ivy League âgés de moins de trente-cinq ans et des professeurs des écoles de médecine

---

[34] Edward S. Shapiro. *Le temps de la guérison : American Jewry Since World War II*. (Baltimore : Johns Hopkins University Press, 1992), p. 100.

et de droit d'élite. En 1968, 38% des professeurs des écoles de droit d'élite américaines étaient juifs.[35]

UN QUART DES AMÉRICAINS LES PLUS RICHES ET 30% DES MILLIARDAIRES SONT JUIFS.

Depuis le début des années 1980, le magazine *Forbes* publie chaque année une compilation des quatre cents Américains les plus riches. Si l'on se base strictement sur leur pourcentage dans la population générale, il aurait dû y avoir environ douze Juifs sur cette liste. Au lieu de cela, il y en avait plus de cent. Les Juifs, qui représentent moins de 3% de la population américaine, constituent plus d'un quart des Américains les plus riches. Ils étaient surreprésentés par un facteur de neuf. En revanche, les groupes ethniques qui sont beaucoup plus nombreux que les Juifs - les Italiens, les Hispaniques, les Noirs et les Européens de l'Est - sont peu représentés sur la liste. Plus la catégorie d'actifs répertoriée par *Forbes* est élevée, plus le pourcentage de Juifs est important. Plus de 30% des milliardaires américains étaient juifs. Le même phénomène a été constaté au Canada, où les trois familles d'affaires les plus importantes étaient toutes juives : les Belzberg de Vancouver, les Bronfman de Montréal et les Reichmann de Toronto.

Il est même possible que *Forbes* ait sous-estimé le nombre de Juifs américains super-riches, car nombre d'entre eux se sont enrichis dans l'immobilier, le domaine le plus difficile à évaluer et le plus facile à dissimuler.

Une liste encore plus impressionnante a été publiée dans le numéro du 22 juillet 1986 de *Financial World*. Elle recense les cent cadres de Wall Street - banquiers d'affaires, gestionnaires de fonds, arbitragistes, spécialistes des rachats d'entreprises, spéculateurs, négociants en matières premières et courtiers - qui ont gagné au moins 3 millions de dollars en 1985. La liste commence par Ivan Boesky, qui aurait gagné 100 millions de dollars... Les gains de Boesky ont été éclipsés par les 500 millions de dollars gagnés par Michael Milken l'année suivante... Milken et Boesky étaient juifs, comme la moitié des personnes citées par le *Financial World*. Parmi les gros bonnets juifs de Wall Street, on

---

[35] *Ibid.* p. 100-101.

trouve George Soros (93,5 millions de dollars), Asher Edelman (25 millions de dollars), Morton Davis (25 millions de dollars) et Michael Steinhardt (20 millions de dollars).[36]

L'IMMOBILIER, PRINCIPALE SOURCE DE RICHESSE POUR LES JUIFS

Les fortunes juives sont présentes dans de nombreux domaines. Russell Berrie fabrique des ours en peluche, Paul Kalmanovitz possède des brasseries et Arthur Sackler publie des revues médicales.

Mais dans aucun domaine, les talents d'entrepreneur des Juifs n'ont été plus évidents que dans l'immobilier. La moitié des Juifs figurant sur la liste *Forbes* ont fait fortune dans l'immobilier, en particulier à New York. "Le Juif court vers l'immobilier dès qu'il peut économiser suffisamment d'argent pour conclure l'affaire", avait écrit Jacob A. Riis dans *How the Other Half Lives* (1890).

À l'exception de quelques interlopes païens, les promoteurs immobiliers new-yorkais les plus prospères étaient juifs. Parmi eux, Laurence et Preston Tisch, Leonard Stern, Samuel LeFrak et Sol Goldman.

D'autres villes avaient leurs propres barons juifs de l'immobilier : Jerry Moore à Houston, A. Alfred Taubman à Detroit, Walter Shorenstein à San Francisco, Guilford Glazer à Los Angeles, Melvin et Herbert Simon à Indianapolis, Monte et Alfred Goldman à Oklahoma City, Frank Morgan et Sherman Dreiseszun à Kansas City, Mortimer Zuckerman et Harold Brown à Boston, Stephen Muss à Miami, Harry Weinberg à Baltimore, Neil Bluhm et Judd Malkin à Chicago, et Charles E. Smith à Washington.[37]

---

[36] *Ibid.*, p. 117.

[37] *Ibid.*, p. 120.

MILLIARDAIRES DE L'IMMOBILIER

Sur la liste des 400 Américains les plus riches établie par *Forbes* en 1999, 23% étaient juifs, et parmi eux, 20% avaient créé leur fortune dans l'immobilier.

... Les membres juifs du *Forbes* 400 en 1999 ayant une fortune immobilière sont les suivants :

- Robert Pritzker 5,5 milliards de dollars

- Thomas Pritzker 5,5 milliards de dollars

- Marvin Davis 3,5 milliards de dollars

- Donald Bren 3,2 milliards de dollars

- Leonard Stern 2,4 milliards de dollars

- Robert Tisch 2,3 milliards de dollars

- Lawrence Tisch 2,1 milliards de dollars

- Samuel LeFrak 2 milliards de dollars

- Sam Zell 1,8 milliard de dollars

- Famille Fisher 1,3 milliard de dollars

- Famille Durst 1,3 milliard de dollars

- Mortimer Zuckerman 1,2 milliard de dollars

- Carl Berg 950 millions de dollars

- Alfred Taubman 860 millions de dollars

- Sheldon Solow 800 millions de dollars

- Guilford Glazer 700 millions de dollars[38]

LES JUIFS REPRÉSENTENT PLUS DE 11% DE L'ÉLITE AMÉRICAINE

Sur la base des revenus et de l'éducation, les Juifs se trouvaient dans les années 1980 dans les couches supérieures de la société américaine et avaient accédé à des positions de pouvoir politique, économique et social.

À partir des années 1960, des Juifs ont dirigé certaines des branches les plus importantes du gouvernement fédéral, notamment la Réserve fédérale et les départements du travail, du commerce, de l'État et du Trésor...

Le système social était suffisamment ouvert pour permettre aux Juifs de devenir une partie importante de l'élite américaine.

Selon l'analyse des données de l'American Leadership Study par les sociologues Richard D. Alba et Gwen Moore, les Juifs ont compromis plus de 11 pour cent de l'élite américaine...[39]

Washington, D.C., était un cas particulier. L'expansion du gouvernement fédéral dans l'après-guerre a entraîné une augmentation de la population juive de l'agglomération de Washington, qui est passée de moins de vingt mille personnes en 1945 à cent soixante-cinq mille quatre décennies plus tard.[40]

LES JUIFS ONT "CRÉÉ" LA SOI-DISANT MAFIA

Ce sont les Juifs, et non les Italiens, qui ont créé ce que l'on a appelé plus tard la Mafia. Dans les années 1920, les Italiens ont commencé à remplacer les Juifs dans l'industrie du crime organisé à New York... Les

---

[38] Silbiger, p. 72.

[39] Shapiro, pp. 122-123.

[40] *Ibid.* p. 134.

Juifs étaient également très présents dans le secteur des jeux d'argent et ont développé Las Vegas dans les années 1940.[41]

VIOLENCE ET SEXE À LA TÉLÉVISION SOUS L'ÉGIDE DES JUIFS

Le contenu des films hollywoodiens et des chaînes de télévision sous égide juive dans les années 1980 diffère sensiblement de la texture programmatique des films et des chaînes de radio que les mag-nats juifs du cinéma et de la radiodiffusion de la génération précédente avaient diffusée.

Les structures puritaines issues de la culture protestante dominante ont été pratiquement abandonnées. Il y a désormais une concession presque illimitée aux exigences du marché et à la représentation courante de la violence et du sexe dans les films et à la télévision.

Les entrepreneurs de spectacles juifs sont en général beaucoup plus instruits que leurs prédécesseurs, mais les produits qu'ils proposent sont souvent plus vulgaires dans leur contenu, tout en étant présentés avec la plus grande habileté technique imaginable.[42]

LE RÔLE DOMINANT DES JUIFS DANS LA NOUVELLE CULTURE DE GAUCHE

Les universitaires et autres intellectuels juifs ont joué un rôle prépondérant dans l'élaboration de la culture de la Nouvelle Gauche des années 1960 et 1970.

Parfois, comme dans les écrits influents du sociologue historique Immanuel Wallerstein, cette théorie de la nouvelle gauche n'était qu'une version légèrement actualisée du marxisme-léninisme traditionnel.

---

[41] *Norman F. Cantor. La chaîne sacrée : L'histoire des Juifs. (New York : HarperCollins Publishers, 1994), p. 389.*

[42] *Ibid.*, p. 401.

Le plus souvent, il s'agissait d'un mélange du marxisme culturel imaginatif de Benjamin, d'Adorno et de l'école de Francfort des années 1930 avec le côté le plus radical de la tradition freudienne.

Le chef de file dans cette direction était Herbert Marcuse, un produit de l'école de Francfort et le gourou très en vue de l'université Brandeis, parrainée par les Juifs, dans les années 1950 et 1960.[43]

LE MOUVEMENT FÉMINISTE

Le mouvement féministe américain des années 1970 et 1980, qui a connu un grand succès, a également fait appel à des dirigeants juifs. Les femmes juives n'avaient joué aucun rôle dans le premier mouvement féministe américain au cours des trois premières décennies du XXe siècle. La situation était différente cette fois-ci. Les deux personnalités les plus en vue du mouvement féministe, Gloria Steinem et Betty Freidan, étaient peut-être juives. Une troisième théoricienne féministe de premier plan, Elizabeth Fox-Genovese, était à moitié juive. L'auteur du roman le plus vendu de tous les temps, traduit en vingt-sept langues et célébrant la sexualité féminine, était une femme juive new-yorkaise de la classe moyenne supérieure, Erica Jong.[44]

LES JUIFS DE WALL STREET "CONTOURNENT LES LIMITES DE LA LOI

Les banquiers d'affaires juifs ont joué un rôle majeur, voire prédominant, dans les entreprises spéculatives frénétiques de Wall Street dans les années 1980. Dans le "bal des prédateurs" des années 1980, comme l'a qualifié un compte rendu journalistique à succès de ces opérations fiscales, le carnet de bal juif était plein, bien que lorsqu'un romancier païen, Michael Thomas, a fait de la présence juive dans les opérations spéculatives de Wall Street un thème important de son roman, il a été dénoncé par le *New York Times Book Review* pour

---

[43] *Ibid*, p. 402.

[44] *Ibid*.

antisémitisme.⁴⁵ [Dans les années 1980, l'habileté de certains milliardaires juifs à contourner les limites de la loi et à s'en sortir indemnes, avec l'aide d'avocats juifs new-yorkais grassement payés et d'une presse complaisante, était remarquable.⁴⁶

L'ACHAT DE SPORT PROFESSIONNEL

Dans les années 1990, les milliardaires juifs ont montré qu'ils avaient atteint le sommet de la prouesse sociale et de l'importance culturelle en achetant des équipes de sport professionnel, jusqu'alors fière chasse gardée des WASP et des mag-nats irlandais. En 1993, les Giants de New York, le nom le plus honoré du sport professionnel, deux autres équipes de la Ligue nationale de football et deux des franchises de la ligue majeure de baseball étaient entre les mains de juifs. L'un de ces propriétaires juifs avait tellement de poids auprès des autres propriétaires qu'il a organisé le licenciement du commissaire du baseball et a pris la relève en tant que commissaire intérimaire, représentant les propriétaires devant une commission du Congrès. Dans les années 1930, les Juifs américains pensaient qu'ils s'en sortaient bien lorsqu'ils produisaient quelques champions de boxe. Les Juifs n'avaient plus besoin de montrer leur corps en sueur, ils possédaient les équipes.⁴⁷

LE POUVOIR DE LA PRESSE

Comme à Berlin et à Vienne avant Hitler, le rôle des Juifs dans l'édition était important. En 1950, des familles juives possédaient deux des trois journaux les plus influents des États-Unis, le *New York Times* et le *Washington Post*. En outre, les deux familles étaient directement impliquées dans le fonctionnement quotidien des journaux et dans la définition de leur politique éditoriale.⁴⁸

---

⁴⁵ *Ibid.*, p. 403.

⁴⁶ *Ibid.*, p. 404.

⁴⁷ *Ibid.*, p. 405.

⁴⁸ *Ibid.*

LE POUVOIR DE LA PAROLE

Il est vrai que les Juifs sont représentés dans le secteur des médias en nombre bien disproportionné par rapport à leur part de la population.

Des études ont montré que si les Juifs ne représentent qu'un peu plus de 5% de la presse nationale - à peine plus que leur part de la population - ils constituent un quart ou plus des rédacteurs, des éditeurs et des producteurs des "médias d'élite" américains, y compris les divisions d'information des réseaux, les principaux hebdomadaires et les quatre principaux quotidiens (*New York Times, Los Angeles Times, Washington Post, Wall Street Journal*).

Dans le monde en évolution rapide des mégacorporations médiatiques, les Juifs sont encore plus nombreux. Dans un article de *Vanity Fair* d'octobre 1994, intitulé "The New Establishment", qui dresse le profil des caïds de l'élite des nouveaux médias, un peu moins de la moitié des deux douzaines d'entrepreneurs présentés sont juifs. Selon les rédacteurs du magazine, il s'agit de la véritable élite américaine, "des hommes et des femmes des secteurs du divertissement, des communications et de l'informatique, dont les ambitions et l'influence ont fait de l'Amérique la seule véritable superpuissance de l'ère de l'information".

Et dans quelques secteurs clés des médias, notamment parmi les dirigeants des studios hollywoodiens, les Juifs sont si nombreux que le fait de dire que ces entreprises sont contrôlées par des Juifs n'est guère plus qu'une observation statistique.

"S'il y a un pouvoir juif, c'est le pouvoir de la parole, le pouvoir des chroniqueurs juifs et des faiseurs d'opinion juifs", déclare Eugene Fisher, directeur des relations catholiques-juives à la Conférence nationale des évêques catholiques et l'un des plus ardents défenseurs de la communauté juive dans les cercles religieux chrétiens. "La communauté juive est très instruite et a beaucoup à dire. Et si vous pouvez influencer l'opinion, vous pouvez influencer les événements".[49]

LE POIDS DES MÉDIAS EST SYNONYME D'INFLUENCE POLITIQUE

Malgré tout l'antisémitisme qui se cache dans les théories du complot juif, la notion d'influence juive dans les médias n'est pas nécessairement antisémite en soi. Le fait gênant est que, en effet, "les Juifs ont inventé Hollywood", comme l'a dit l'historien Neal Gabler dans le sous-titre malheureux de son étude historique de 1988, *An Empire of Their Own (Un empire à eux seuls)*.

La caméra de cinéma a été inventée par des non-Juifs, mais l'usine à rêves d'Hollywood a été créée par une poignée d'entrepreneurs juifs immigrés. Ils ont vu le potentiel du film en tant qu'outil de narration et ont construit les studios, les systèmes de distribution et les salles de cinéma pour en faire la promotion à l'échelle nationale. Ces quelques personnes ont transformé une curiosité technologique en une industrie de plusieurs milliards de dollars.

Une génération plus tard, un jeune groupe d'entrepreneurs juifs a fait la même chose avec l'émetteur radio, le microphone et la caméra de télévision....

Hollywood, à la fin du vingtième siècle, est toujours une industrie à forte connotation ethnique. Pratiquement tous les cadres supérieurs des grands studios sont juifs. Les scénaristes, les producteurs et, dans une moindre mesure, les réalisateurs sont juifs de manière disproportionnée - une étude récente a montré que ce chiffre atteignait 59% pour les films les plus rentables.

Le poids combiné de tant de Juifs dans l'une des industries les plus lucratives et les plus importantes d'Amérique confère aux Juifs d'Hollywood un grand pouvoir politique.... Mais on pourrait dire la même chose, à un degré bien plus élevé, d'autres secteurs d'activité où

---

[49] J. J. Goldberg. *Jewish Power : Inside the American Jewish Establishment*. (Reading, Massachusetts : Addison-Wesley Publishing Company, Inc., 1996), p. 280.

l'on trouve d'importantes concentrations de Juifs : Wall Street, l'immobilier new-yorkais ou l'industrie de l'habillement.

Dans chacun de ces secteurs, les Juifs constituent un bloc significatif - une minorité importante à Wall Street, une quasi-majorité dans l'habillement et l'immobilier commercial - et ont traduit leur influence en une présence visible sur la scène politique.[50]

"MIEUX LOTIS" QUE LA "PLUPART DES AUTRES" GROUPES

... Si le stéréotype des juifs uniformément riches est erroné, ils sont néanmoins mieux lotis en moyenne que les membres de la plupart des autres groupes ethniques et religieux. En 1984, par exemple, moins d'une famille juive américaine sur six disposait d'un revenu inférieur à 20 000 euros, contre une sur deux chez les Blancs non hispaniques.

À l'autre extrémité de la pyramide des revenus, 41% des ménages juifs avaient des revenus de 50 000 dollars ou plus, soit quatre fois plus que les Blancs non hispaniques.

Cette différence s'explique notamment par le fait que les Juifs sont mieux éduqués que les autres Américains. Trois hommes juifs sur cinq sont diplômés de l'enseignement supérieur, soit près de trois fois plus que les Blancs non hispaniques ; un sur trois est titulaire d'un diplôme d'études supérieures ou professionnelles, soit trois fois et demie plus que l'ensemble de la population.

Les disparités sont à peu près les mêmes entre les femmes juives et non juives : les premières sont deux fois plus susceptibles que les secondes d'être diplômées de l'enseignement supérieur et quatre fois plus susceptibles d'être diplômées de l'enseignement supérieur ou de l'enseignement professionnel.

Aujourd'hui, en outre, la fréquentation de l'université est presque universelle parmi les jeunes juifs. Une enquête nationale menée en 1980 auprès de lycéens et lycéennes a révélé que 83% des étudiants juifs

---

[50] *Ibid.* p. 286-288.

prévoyaient d'aller à l'université et que la moitié d'entre eux s'attendaient à faire des études supérieures ou professionnelles ; parmi les étudiants blancs non juifs, la moitié prévoyait d'aller à l'université et moins d'un cinquième s'attendait à faire des études supérieures ou professionnelles.

La différence est qualitative et quantitative. Non seulement les Juifs sont plus scolarisés, mais ils reçoivent une meilleure éducation... Depuis les années 1950 ou 1960, lorsque les institutions de l'Ivy League ont adopté des politiques d'admission méritocratiques, les Juifs représentent environ un tiers de la population étudiante de premier cycle et à peu près le même pourcentage en droit et en médecine.[51]

QUI DOMINE "L'ÉLITE AMÉRICAINE" ?

Selon une étude des origines ethniques et raciales des personnes figurant dans l'édition 1974-75 du *Who's Who in America*, les Juifs avaient deux fois et demie plus de chances d'y figurer que les membres de la population en général. En outre, par rapport à la population, il y avait plus de deux fois plus de Juifs que de personnes d'origine anglaise, le groupe qui dominait autrefois l'élite américaine. L'évolution au cours du demi-siècle précédent est frappante : en 1924-25, les personnes d'origine anglaise avaient près de deux fois et demie plus de chances d'être répertoriées que les Juifs américains... Dans une analyse réalisée en 1971-1972 sur un groupe beaucoup plus restreint de dirigeants dans quelque huit domaines d'activité, les sociologues Richard D. Alba et Gwen Moore ont constaté une concentration encore plus importante.

Sur les 545 personnes étudiées, 11,3% étaient juives, soit quatre fois plus que dans l'ensemble de la population... Le phénomène ne se limite pas aux États-Unis. En Grande-Bretagne, les Juifs représentent environ 1% de la population, mais 6 à 10% de l'élite britannique ; en Australie, où les Juifs représentent 0,5% de la population, ils constituent 5% de l'élite...

---

[51] Charles E. Silberman. *Un certain peuple*. (New York : Summit Books/Simon & Schuster, Inc., 1985), pp. 118-119.

La représentation juive parmi les entrepreneurs prospères est considérablement plus élevée que parmi les chefs d'entreprise : quelque 23% des personnes figurant sur la liste *Forbes* 1984 des 400 Américains les plus riches étaient juives..... La proportion exacte varie quelque peu d'une année à l'autre.

En 1982, première année de publication du *Forbes* 400, 105 membres du groupe, soit 26%, étaient juifs. Ce chiffre est tombé à 98 (25%) en 1983, lorsque le boom des marchés boursiers a catapulté un certain nombre de nouveaux venus sur la liste, et à 93 (23%) en 1984.[52]

L'ÉLITE UNIVERSITAIRE AMÉRICAINE

Quelle que soit la proportion exacte (et l'élite d'une personne est la coterie d'une autre), il ne fait aucun doute que les Juifs jouent un rôle important dans la vie intellectuelle américaine.

En 1975, par exemple, les Juifs représentaient 10% de l'ensemble des professeurs, mais 20% de ceux qui enseignaient dans les universités d'élite ; près de la moitié des professeurs juifs - contre 24% des professeurs épiscopaux et 17% des professeurs catholiques - enseignaient dans les institutions les mieux classées.

Les professeurs juifs sont également beaucoup plus susceptibles de publier des articles dans des revues savantes que leurs pairs non juifs ; ainsi, les Juifs représentent 24% de l'élite universitaire, c'est-à-dire ceux qui ont publié vingt articles ou plus.[53]

PROFESSEURS D'ÉCOLES D'ÉLITE

La vague d'universitaires juifs est relativement récente. En 1940, seuls 2% des professeurs américains étaient juifs. En 1970, ce chiffre avait quintuplé pour atteindre 10%. Les quotas restrictifs de la première

---

[52] *Ibid.* p. 143-144.

[53] *Ibid.* , p. 144.

moitié du siècle ont pris fin et une nouvelle génération de Juifs a été formée en plus grand nombre.

Dans les années 90, les Juifs représentaient 35% des professeurs des écoles d'élite et un Juif a aujourd'hui été président de presque toutes les institutions d'élite, y compris Harvard, Yale, Penn, Columbia, Princeton, le MIT et l'université de Chicago.[54]

LES PROFESSEURS JUIFS MIEUX PAYÉS

Comme les Juifs fréquentent généralement des institutions plus prestigieuses et choisissent des postes dans les écoles professionnelles de droit, de médecine, de sciences et de commerce, leur rémunération est bien supérieure à celle du professeur moyen.[55]

DÉCISION CLÉ" DANS LES JOURNAUX TÉLÉVISÉS ; PRÈS D'UN TIERS DE "L'ÉLITE DES MÉDIAS".

Dans l'ensemble, le journalisme est devenu une profession intellectuellement passionnante, raisonnablement bien rémunérée et prestigieuse, dans laquelle les Juifs jouent un rôle de plus en plus important.

En 1982, par exemple, les Juifs représentaient un peu moins de 6% de l'ensemble de la presse nationale, mais 25 à 30% de l'"élite des médias" - ceux qui travaillent pour le *New York Times*, le *Washington Post* et *le Wall Street Journal*, pour *Time*, *Newsweek* et *U.S. News & World Report*, ainsi que pour les divisions d'information de CBS, NBC, ABC et du Public Broadcasting System et de ses principales stations. (Une étude réalisée en 1971 évalue à 25% le nombre de Juifs dans l'élite des médias).

---

[54] Silbiger, p. 92.

[55] *Ibid.*, p. 93.

Si l'on considère les postes décisionnels clés, le rôle des Juifs semble encore plus important.[56]

INFLUENT" DANS "GESTION DES INFORMATIONS TÉLÉVISÉES".

Les Juifs sont tout aussi influents, bien que moins connus, dans la gestion des journaux télévisés. Ce sont les correspondants de la chaîne, bien sûr, qui sont devenus des noms familiers, parmi lesquels des Juifs...

La plus grande concentration de Juifs se trouve toutefois au niveau des producteurs - et ce sont les producteurs qui décident des sujets qui seront diffusés, de leur durée et de l'ordre dans lequel ils seront présentés.

En 1982, avant un changement d'affectation, les producteurs exécutifs des trois journaux télévisés du soir étaient juifs, de même que les producteurs exécutifs de 60 Minutes de CBS et de 20/20 d'ABC.

Les Juifs sont presque aussi nombreux aux postes de "producteur principal" et de "producteur d'émissions", ainsi qu'aux postes de direction.[57]

LIVRES DE OU SUR LES JUIFS

[La section des critiques du *Washington Post* du 18 octobre 1992 est pleine de livres écrits par des Juifs ou sur des Juifs : sur le sport et l'expérience juive américaine ; une biographie de Bill Graham, survivant de l'Holocauste et grand imprésario du rock & roll ; l'histoire d'une famille new-yorkaise de la classe supérieure infectée par l'antisémitisme ; le portrait de groupe d'une femme sud-africaine de son groupe d'amis juifs ; l'ouvrage d'un couple juif sur les investissements étrangers en Amérique, analysant les problèmes de loyautés multiples et d'influence étrangère parallèlement aux questions d'assimilation ; et le livre d'un auteur juif sur la politique dans l'enseignement supérieur,

---

[56] Silberman, pp. 152-153.

[57] *Ibid.* p. 153-154.

discutant du multiculturalisme en termes tirés de l'intégration des juifs dans la société américaine.[58]

CHRONIQUEURS ET COMMENTATEURS PRO-ISRAÉLIENS

Dans un article publié sur MSNBC.com le 2 avril 2003, l'écrivain juif américain Eric Alterman a donné un aperçu fascinant de la prépondérance des commentaires pro-israéliens parmi les chroniqueurs et les commentateurs des médias américains, qui ne sont pas tous (évidemment) juifs, mais qui - dans la plupart des cas - travaillent pour des médias qui, souvent, appartiennent carrément à des intérêts financiers juifs ou sont fortement influencés par la communauté juive.

La liste fournie par Alterman suit, bien qu'une liste considérablement plus petite d'autres chroniqueurs qui critiquent Israël - y compris des noms aussi évidents que Pat Buchanan - n'ait pas été incluse.

Veuillez noter que le matériel descriptif précédant les différentes listes de noms est la terminologie d'Alterman, bien que nous ayons noté les chroniqueurs qui ne sont pas connus pour être juifs en mettant leurs noms propres en italique. Entre parenthèses, nous avons également ajouté des éléments supplémentaires de notre cru, qui sont clairement signalés comme une insertion éditoriale.

Chroniqueurs et commentateurs sur lesquels on peut compter pour soutenir Israël de manière réflexe et sans réserve.

- *George Will*, The Washington Post, Newsweek et ABC News

- William Safire, *The New York Times*

- A.M. Rosenthal, *The New York Daily News*, ancien rédacteur en chef et chroniqueur au *New York Times*.

---

[58] Barry Rubin. *Assimilation and Its Discontents*. (New York : Times Books/Random House, 1995), p. xiii.

- Charles Krauthammer, *The Washington Post*, PBS, *Time* et *The Weekly Standard*, anciennement *The New Republic*

- Michael Kelly, *The Washington Post, The Atlantic Monthly, National Journal*, et MSNBC.com, anciennement de *The New Republic* et *The New Yorker* [Aujourd'hui décédé - tué pendant la guerre d'Irak].

- Lally Weymouth, *The Washington Post, Newsweek*

[Mme Weymouth est à moitié juive, puisqu'elle est la fille de Katharine Meyer Graham, ancienne directrice du Washington Post, et de son mari non juif (et, ironiquement, antisémite), Philip Graham, décédé, ndlr].

- Martin Peretz, *The New Republic*

- Daniel Pipes, *The New York Post* [Note : Pipes aurait affirmé ne pas être juif, mais de nombreuses sources affirment le contraire].

- *Andrea Peyser, The New York Post*

- Dick Morris, *The New York Post*

- Lawrence Kaplan, *The New Republic*

- *William Bennett*, CNN

- William Kristol, *The Washington Post, The Weekly Standard*, Fox News, anciennement ABC News

- Robert Kagan, *The Washington Post* et *The Weekly Standard*

- Mortimer Zuckerman, *US News and World Report* [Zuckerman a récemment été président de la Conférence des présidents des principales organisations juives américaines].

- David Gelernter, *The Weekly Standard*

- John Podhoretz, *The New York Post* et *The Weekly Standard*

- Mona Charen, *The Washington Times*

- Morton Kondracke, *Roll Call*, Fox News, anciennement du Groupe McLaughlin, de *The New Republic* et de PBS

- *Fred Barnes, The Weekly Standard*, Fox News, anciennement *The New Republic*, The McLaughlin Group et *The Baltimore Sun*.

- Sid Zion, *The New York Post, The New York Daily News*

- Yossi Klein Halevi, *The New Republic*

- Norman Podhoretz, *Commentaire*

- Jonah Goldberg, *National Review*

- *Laura Ingraham*, CNN, anciennement MSNBC et CBS News

- Jeff Jacoby, *The Boston Globe*

- Rich Lowry, *National Review*

- *Andrew Sullivan, The New Republic*

- Seth Lipsky, *The Wall Street Journal* et *The New York Sun*, anciennement du Jewish *Forward*

- Irving Kristol, *The Public Interest, The National Interest* et *The Wall Street Journal* Editorial Page

- *Allan Keyes*, MSNBC, WorldNetDaily.com

- *Brit Hume*, Fox News

- *John Leo, US News and World Report*

- *Robert Bartley*, page éditoriale *du Wall Street Journal*

- John Fund, *The Wall Street Journal Opinion Journal*, anciennement de la page éditoriale *du Wall Street Journal* [Origines ethniques inconnues-Ed.].

- *Peggy Noonan*, page éditoriale *du Wall Street Journal,*

- Ben Wattenberg, *The Washington Times*, PBS

- *Tony Snow, The Washington Times* et Fox News

- Lawrence Kudlow, *National Review* et CNBC

- Alan Dershowitz, *The Boston Herald*, *The Washington Times*

- David Horowitz, Frontpage.com

- Jacob Heilbrun, *The Los Angeles Times*

- *Thomas Sowell, The Washington Times*

- Frank Gaffney Jr, *The Washington Times* [Note : Les antécédents ethniques de Gaffney sont inconnus, bien qu'il y ait eu des rumeurs selon lesquelles il serait né dans une famille de gentils mais se serait converti au judaïsme].

- *Emmett Tyrell, The American Spectator* et *The New York Sun*

- *Cal Thomas, The Washington Times*

- *Oliver North, The Washington Times* et Fox News, anciennement MSNBC

- Michael Ledeen, *Revue du monde juif*

- *William F. Buckley, National Review* [Note : bien que Buckley soit largement reconnu comme un "catholique irlandais" et qu'il soit connu comme un fervent catholique, ses antécédents catholiques romains ne proviennent pas, comme on le croit généralement, du côté de son père écossais-irlandais, mais plutôt du côté de sa mère.

Bien que la mère de Buckley soit née dans une famille catholique allemande de la Nouvelle-Orléans nommée Steiner, Walter Trohan, chroniqueur au *Chicago Tribune*, a déclaré en privé à des intimes qu'il avait cru comprendre que la famille Steiner était à l'origine juive et s'était convertie au catholicisme romain, comme de nombreuses familles juives de la Nouvelle-Orléans au cours des XVIIIe et XIXe siècles. C'est peut-être la première fois que la révélation de Trohan a été publiée. Toutefois, pour des raisons de commodité, nous considérerons ici Buckley comme "non juif", sans tenir compte de son ascendance déclarée, ndlr].

- *Bill O'Reilly*, Fox News

- Paul Greenberg, *Arkansas Democrat-Gazette*

- *L. Brent Bozell*, The Washington Times

- *Todd Lindberg*, The Washington Times

- *Michael Barone, US News and World Report* et The McLaughlin Group

- *Ann Coulter, Human Events*

- *Linda Chavez*, Creators Syndicate [Note : bien que Mme Chavez ait été élevée dans la religion catholique, son mari est juif et la rumeur veut qu'elle se soit convertie au judaïsme].

- Cathy Young, *Reason* Magazine [Note : L'héritage ethnique de Mme Young n'est pas connu de la rédaction].

- Uri Dan, *New York Post*

- Laura Schlessinger, animatrice radio

- *Rush Limbaugh*, animateur radio

Publications qui, pour des raisons de propriétaire ou d'éditeur, peuvent être considérées comme soutenant Israël de manière réflexe et sans réserve

- *The New Republic* (Martin Peretz, Michael Steinhardt, Roger Hertog, Owners)

- *Commentaire* (Comité juif américain, propriétaire)

- *US News and World Report* (Mortimer Zuckerman, propriétaire)

- *The New York Daily News* (Mortimer Zuckerman, propriétaire)

- *The New York Post* (Rupert Murdoch, propriétaire) [Note : Murdoch est d'origine juive, au moins en partie].

- *The Weekly Standard* (Rupert Murdoch, propriétaire)

- Page éditoriale du *Wall Street Journal* (Peter Kann, rédacteur en chef)

- *The Atlantic Monthly* (*Michael Kelly*, rédacteur en chef) [Note : Kelly est aujourd'hui décédé, mais le magazine, qui appartient au susmentionné Mortimer Zuckerman, reste fermement dans le camp israélien].

Les chroniqueurs sont susceptibles de critiquer à la fois Israël et les Palestiniens, mais se considèrent comme des partisans d'Israël et, en fin de compte, soutiendraient la sécurité israélienne plutôt que les droits des Palestiniens.

- Thomas Friedman, *The New York Times*

- Richard Cohen, *The Washington Post* et *New York Daily News*

- Avishai Margolit, *The New York Review of Books*

- David Remnick, *The New Yorker*

- Eric Alterman, *The Nation* et MSNBC.com

- *Le* comité éditorial du *New York Times*

- *Le* comité éditorial *du Washington Post*[59]

De toute évidence, les listes d'Alterman sont très instructives et démontrent sans l'ombre d'un doute que, lorsqu'il s'agit de la couverture médiatique de la question du Moyen-Orient, un parti pris juif et pro-israélien prédominant est en place.

Les noms figurant sur les listes d'Alterman sont pratiquement la "crème de la crème" de l'élite des médias américains. Quiconque suggère qu'il n'y a pas de parti pris pro-israélien de la part des commentateurs de l'élite des médias parle en fonction d'un agenda et doit donc être rejeté.

Il va sans dire que tous les noms figurant sur les listes d'Alterman ne sont pas juifs, loin s'en faut, et que l'on ne peut donc pas dire que "seuls les chroniqueurs juifs sont pro-israéliens". En fait, de nombreux écrivains non juifs ont adopté une position servile et pro-israélienne et,

---

[59] Eric Alterman sur MSNBC.com

à vrai dire, cela a été plutôt bénéfique pour leur carrière. Et cela pourrait bien être la meilleure explication du fait que des personnes par ailleurs intelligentes et équilibrées semblent soudain perdre tout sens commun sur la seule question d'Israël. En bref, la promotion d'Israël est une activité lucrative, même si elle est souvent néfaste pour l'Amérique !

L'EFFET JOE LIEBERMAN : L'ARGENT JUIF "CACHÉ AU PUBLIC"

Personne ne sait avec certitude quelle part de l'argent du parti démocrate provient de contributeurs juifs ("Nous n'avons même pas de statistiques à ce sujet", déclare le Comité national démocrate), mais les estimations de sources bien informées - qui n'ont pas souhaité s'exprimer à ce sujet - commencent à 30% et augmentent encore à partir de là.

Selon le Center for Responsive Politics, les Juifs représentent plus d'un tiers des plus gros donateurs individuels du DNC (100 000 dollars et plus), d'après les rapports publiés par la Commission électorale fédérale [en août 2000]...

Si l'on en croit les données anecdotiques, le DNC pourrait recueillir entre 5 et 30 millions de dollars (jusqu'à 75% de plus que ce que les juifs ont donné lors des cycles électoraux précédents) en plus de l'objectif de collecte de fonds qu'il s'est fixé, à savoir au moins 130 millions de dollars. Un montant supplémentaire de 30 millions de dollars équivaudrait à la quasi-totalité de la somme que les démocrates ont dépensée en publicité cet été.

Dans une course serrée où les républicains bénéficient d'un léger avantage financier, l'argent supplémentaire des démocrates pourrait faire la différence, probablement plus que le changement le plus spectaculaire des électeurs juifs...

La façon dont le choix du sénateur du Connecticut transforme les collecteurs de fonds pour les causes juives en collecteurs de fonds pour Gore-Lieberman est potentiellement plus significative... L'effort financier remarquable de la communauté juive en faveur du ticket démocrate fera-t-il la différence ? Non, il est inutile de le préciser, comme Pat Buchanan pourrait l'imaginer.

Les donateurs juifs de Gore et de Lieberman n'essaient pas de rendre le ticket redevable des "intérêts juifs", quels qu'ils soient. Ils ne sont pas d'accord entre eux sur de nombreuses questions de politique, et leur soutien est plus un acte de fierté communautaire qu'un investissement dans un comportement futur. Mais les dons pourraient néanmoins avoir une incidence sur l'élection. Ainsi, dans une étrange note de bas de page historique, l'effet électoral le plus important de la sélection de Joe Lieberman pourrait rester largement caché à un public qui semble par ailleurs obsédé par les moindres détails de sa candidature.[60]

LE SECRET DE L'AISANCE JUIVE

Max Geltman, un réactionnaire identifié à la *National Review*, a révélé dans son livre, *The Confrontation*, que : "C'est désormais un secret de polichinelle qu'en 1957, l'American Jewish Committee a intercédé auprès du Bureau du recensement à Washington et l'a supplié de ne pas poser de questions sur les revenus liés aux groupes nationaux lors du recensement de 1960, de peur que les niveaux de revenus comparativement élevés de la minorité juive n'entraînent des outrages antisémites. Le Bureau s'est exécuté."[61]

LE GROUPE ETHNIQUE LE PLUS RICHE

Si [les Juifs] représentent 2,54% de la population, ils perçoivent environ 5% du revenu national. Les Juifs représentent près de 7% des classes moyennes et supérieures du pays, toutes confondues.

En 1972, près de 900 000 familles juives sur deux millions appartenaient à la classe moyenne et supérieure, alors que seules 13,5 millions de familles américaines sur 53 millions étaient classées dans cette catégorie. Selon [Gerald Krefetz, dans *Jews and Money*], 43% de tous les Juifs gagnaient plus de 16 000 dollars, contre seulement 25,5% de tous les Américains. Alors qu'un peu moins de 5% de la population

---

[60] "Appel juif - Lieberman peut-il combler le fossé de la collecte de fonds ? Sarah Wildman, dans le numéro du 18 septembre 2000 de *The New Republic*.

[61] Lenni Brenner. *Jews in America Today*. (Seacaucus, New Jersey : Lyle Stuart, 1986), p. 61.

juive fait partie de familles millionnaires, les Juifs représentaient entre 23 et 26% des 400 Américains les plus riches entre 1982 et 1985, et peut-être davantage de la population millionnaire contribuable, estimée à 574 342 personnes en 1980.

Il ne fait aucun doute qu'en moyenne, le judaïsme américain est le groupe ethnique ou religieux le plus riche du pays. Selon l'*American Demographics* de juin 1984, le revenu annuel moyen des ménages juifs est de 23 300 dollars, contre 21 700 dollars pour les épiscopaliens. Les presbytériens reçoivent 20 500 dollars, les personnes sans affiliation religieuse 17 600 dollars, les catholiques 17 400 dollars, les méthodistes 17 000 dollars et les luthériens 16 300 dollars en moyenne. Les fondamentalistes blancs et les baptistes du Sud ont gagné plus de 14 000 dollars. Les statistiques montrent que les juifs gagnent plus que les épiscopaliens et les presbytériens, l'archétype des WASPS, depuis la fin des années 1960...

Loin d'être une élite paria, les riches juifs américains modernes sont les partenaires à part entière de leurs homologues chrétiens.[62]

UN WHO'S WHO DE L'ÉLITE JUIVE...

Voici la liste des juifs américains fortunés, l'origine de leur fortune et l'estimation de leur richesse (en dollars de 1986), établie par l'écrivain juif américain Lenni Brenner, sur la base notamment de la célèbre liste *Forbes* 400 des Américains les plus fortunés. Une liste plus récente (basée sur les chiffres de 2004) est présentée plus loin dans ces pages, mais la liste elle-même est instructive :

Leonard Abramson
U.S. Health Care Systems, Inc.
140 millions de dollars

Charles, Herbert & Herbert A. Allen.
Bourse et immobilier
549 millions de dollars

Ted Arison
Croisières Carnival, immobilier, casinos
300 millions de dollars

Robert Arnow, Jack & Alan Weiler
Partager 450 millions de dollars de biens immobiliers

---

[62] *Ibid.* p. 64-65.

Walter Annenberg
850 millions de dollars

Enid Annenberg Haupt
180 millions de dollars

Esther Annenberg Simon
180 millions de dollars

Jeannette Annenberg Hooker
180 millions de dollars

Lita Annenberg Hazen
180 millions de dollars

Salle Evelyn Annenberg
180 millions de dollars

Edmund Ansin
Sunbeam TV Corp.
200 millions de dollars

C. Douglas Dillon
150 millions de dollars

Richard Dinner
Belle-famille de la famille Swig
(Immobilier à San Francisco)
Patrimoine familial total : 450 millions de dollars
Sherman Dreiseszun & Frank Morgan
Immobilier à Kansas City
banques, centres commerciaux
300 millions de dollars

Arthur Belfer
Pétrole péruvien, immobilier new-yorkais
475 millions de dollars

Famille Belz de Memphis, Tennessee
Immobilier
250 millions de dollars

Charles Benenson
Immobilier
200 millions de dollars

Famille Blaustein
850 millions de dollars

Paul Block et William Block
Édition
300 millions de dollars

Neil Bluhm
Immobilier/Chicago
300 millions de dollars

Judd Malkin
Immobilier/Chicago
300 millions de dollars

Ivan Boesky
150 millions de dollars

Donald Bren
Immobilier
525 millions de dollars

Edgar Bronfman
665 millions de dollars

Edward et Sherman Cohen
Immobilier et construction
330 millions de dollars

Seymour Cohn
550 millions de dollars

Henry et Lester Crown
1,1 milliard de dollars

Morton Davidowitz
(alias Morton Davis)
D. H. Blair courtage
200 millions de dollars

Leonard Davis
Assurance collective Colonial Penn
230 millions de dollars

Marvin Davis
Davis Oil Company
"toujours milliardaire" selon *Forbes* en 1985.

Alfred et Monte Goldman
Immobilier ;
Père a inventé le chariot de supermarché.
400 millions de dollars

Sol Goldman
Ancien plus grand propriétaire de New York
450 millions de dollars

Katharine Graham
L'empire éditorial du *Washington Post*
350 millions de dollars

Pincus Green et Marc Rich
Négociants en matières premières
200 millions de dollars chacun

David, Roy et Seymour Durst
Immobilier
550 millions de dollars

Jane Engelhard
Veuve du "roi du platine"
365 millions de dollars

Harold Farb
Immobilier à Houston
150 millions de dollars

Larry et Zachary Fisher
Immobilier à New York
600 millions de dollars

Max Fisher
Intérêts pétroliers et pétrochimiques des États-Unis et d'Israël
225 millions de dollars

Michel Fribourg
Contrôle 20% du commerce mondial des céréales
700 millions de dollars

Paul Kalmanovitz
Bières Falstaff et Pabst, immobilier
250 millions de dollars

Howard Kaskel
Immobilier
250 millions de dollars

Edwin Marion Kauffman
Marion Labs. Royaux de Kansas City
190 millions de dollars

George Kozmetsky
Teledyne et autres investissements
175 millions de dollars

Famille Haas
Héritiers de l'empire Levi Strauss
775 millions de dollars

Armand Hammer
150 millions de dollars

Leon Hess
Hess Oil
360 millions de dollars

Famille Horvitz
Immobilier en Floride, télévision par câble
250 millions de dollars

Peter Kalikow
Immobilier
375 millions de dollars

Leonard Litwin
Immobilier
200 millions de dollars

John Loeb
Shearson Lehman/American Express ;
150 millions de dollars

Robert Lurie
Immobilier ; New York Giants baseball
200 millions de dollars

Famille Mack
Démolition de bâtiments
250 millions de dollars

Jack, Joseph et Morton Mandel
Premier Industrial Corp.
260 millions de dollars

Carl et George Landegger
Usines de papier
250 millions de dollars

Leonard et Ronald Lauder
Héritiers des produits cosmétiques Estee Lauder
700 millions de dollars

Norman Lear
Producteur de télévision
175 millions de dollars

Sam LeFrak
Le plus grand propriétaire d'appartements d'Amérique ;
800 millions de dollars

Leon Levine
Magasins Family Dollar
315 millions de dollars

Paul et Seymour Millstein
Immobilier
275 millions de dollars

Stephen Muss
Immobilier
200 millions de dollars

S. I. Newhouse
L'empire des médias
2,2 milliards de dollars

Robert Olnick
Immobilier
200 millions de dollars

Max Palevsky
Ordinateurs
200 millions de dollars

Leonard Marx
Immobilier
300 millions de dollars

Bernard Mendik
Immobilier
180 millions de dollars

Dominique de Menil
Fille de Conrad Schlumberger
200 millions de dollars

Sy Syms
Vêtements à prix cassés
210 millions de dollars

Sol Price
Marchandiseur
200 millions de dollars

La famille Pritzker
Hôtels Hyatt
1,5 milliard de dollars

Famille Pulitzer
Louis Post Dispatch fortune
475 millions de dollars

Famille Resnick
immobilier, construction
250 millions de dollars

Meshulum Riklis
Rapid American Corporation
150 millions de dollars

Famille rose
Immobilier
250 millions de dollars

Famille William Paley
La fortune de la télévision CBS
290 millions de dollars

Jack Parker
Immobilier, fabrication de vêtements
300 millions de dollars

Milton Petrie
Magasins Petrie, centres commerciaux
585 millions de dollars

Victor Posner
Sharon Steel, National Can
250 millions de dollars

Famille Schnitzer
Acier, transport maritime, immobilier
250 millions de dollars

Famille Shapiro
Cônes, gobelets, articles en papier jetables
350 millions de dollars
(partagé entre 70 membres de la famille)

Peter Sharp
Immobilier
250 millions de dollars

Leonard Shoen
U-Haul
300 millions de dollars

Walter Shorenstein
Immobilier
300 millions de dollars

Lawrence Silverstein
Président - Conseil de l'immobilier de New York
180 millions de dollars

Famille Rosenwald
Sears & Roebuck fortune
300 millions de dollars

Jack et Lewis Rudin
Immobilier
700 millions de dollars

Arthur Sackler
Édition médicale, publicité
175 millions de dollars

Stanley Stahl
Immobilier
250 millions de dollars

Ray Stark
Films cinématographiques
150 millions de dollars

Saul Steinberg
Assurance Financier/Reliance
400 millions de dollars

Leonard Stern
Aliments pour animaux Hartz Mountain
550 millions de dollars

Famille de pierre
Stone Container Co.
200 millions de dollars

Famille Sulzberger
L'empire médiatique du *New York Times*
450 millions de dollars

Famille Swig
Immobilier
300 millions de dollars

Herbert et Melvin Simon
Centres commerciaux
385 millions de dollars au total

Norton Simon
Industriel
200 millions de dollars

Sheldow Solow
Immobilier
250 millions de dollars

A. Alfred Taubman
Immobilier, restauration rapide
600 millions de dollars

Lawrence et Preston Tisch
Loews Corporation, CBS, Montres Bulova
Valeur combinée : 1,7 milliard de dollars

Lew Wasserman
Agence de talents MCA
220 millions de dollars

Famille Weiler
Immobilier
240 millions de dollars

Harry Weinberg
Immobilier, valeurs mobilières, entreprises de transport par autobus
550 millions de dollars

Leslie Wexner
Possède 2 500 magasins de vêtements spécialisés
Une famille qui vaut un milliard de dollars

Lawrence Wien
Immobilier
150 millions de dollars

Sydney Taper
First Charter Financial Corporation
300 millions de dollars

Laszlo Tauber
Immobilier
(le plus grand bailleur du gouvernement américain)
300 millions de dollars

Famille William Ziff
Ziff-Davis publishers
650 millions de dollars

Ezra Khedouri Zilkha
Banque d'investissement, armes à feu Colt
150 millions de dollars

Famille Wirtz
Immobilier, distribution de boissons alcoolisées,
Chicago Black Hawks, Bulls
350 millions de dollars

Famille Wolfson
Salles de cinéma, chaînes de télévision
240 millions de dollars

William Zimmerman
Magasins d'aubaines Pic-n-Save
150 millions de dollars

Mortimer Zuckerman
Immobilier, édition,
U.S. News & World Report,
Atlantique,
New York Daily News
200 millions de dollars[63]

Évidemment, comme nous l'avons noté, les noms et les montants en dollars sont constamment sujets à changement, et plus loin dans ces pages, nous jetons un regard plus actuel (à partir de la liste *Forbes* 400 pour l'année 2004) sur ceux qui, parmi l'élite sioniste, ont fait partie de la liste des plus riches d'Amérique - et même du monde.

Bien entendu, la liste *Forbes* 400 n'inclut pas les familles et les individus qui se situent en dessous des 400 premiers, et il convient de souligner qu'une telle liste - par exemple, les 1 000 plus riches - serait très révélatrice.

Et comme *Forbes* ne classe pas les noms par ordre de priorité, mais uniquement par ordre alphabétique, il est souvent difficile de déterminer, à première vue, la prédominance des noms juifs - ou irlandais ou italiens d'ailleurs - dans la liste.

---

[63] Cette liste est tirée, sous forme abrégée, des pages 65 à 78 de l'ouvrage de Lenni Brenner intitulé *Jews in America Today*.

Néanmoins, les classements de *Forbes* sont très instructifs et démontrent sans l'ombre d'un doute que les familles sionistes ont atteint une immense richesse dans l'Amérique d'aujourd'hui.

Bien que nous entendions beaucoup parler des "crimes de haine" et de "la montée de l'antisémitisme" et de l'horreur des crimes commis contre le peuple juif dans le passé, ces mêmes médias qui nous parlent de tout cela ne semblent pas désireux de souligner que le peuple juif d'Amérique possède des richesses qui dépassent l'imagination la plus folle de la plupart des gens.

Mais poursuivons...

CE QUE CROIENT LES DIRIGEANTS JUIFS...

L'étude la plus importante sur le leadership des jeunes [militants de la communauté juive] est celle du professeur de Brandeis Jonathan Woocher, intitulée "The 'Civil Judaism' of Communal Leaders" (Le judaïsme civil des dirigeants communautaires), publiée dans l'*American Jewish Year Book de* 1981. Il a étudié 309 participants de la classe moyenne et de la classe moyenne supérieure aux programmes de développement du leadership de l'Appel juif unifié et des fédérations communautaires. Selon le professeur...

"Près de 65% d'entre eux nient que les valeurs juives sont fondamentalement les mêmes que celles de toutes les religions, et plus des trois quarts reconnaissent une responsabilité juive "particulière" dans la lutte pour la justice dans le monde...

"Près de 60%... considèrent que la contribution juive à la civilisation moderne est plus importante que celle de tout autre peuple... 70%... affirment ressentir plus d'émotion en écoutant "Hatikvah" (l'hymne d'Israël) qu'en écoutant "The Star Spangled Banner"... une majorité rejette la proposition selon laquelle un juif américain doit sa loyauté première aux États-Unis.

"En outre, si tous les Américains, à l'exception d'une poignée d'entre eux, sont heureux d'être américains, seuls 54% d'entre eux le sont fortement, contre 86% qui affirment fortement être heureux d'être juifs... 63% ... affirment explicitement que les Juifs sont le peuple élu (et seulement 18% ne sont pas d'accord)." [64]

L'INFLUENCE POLITIQUE DÉPASSE LES CHIFFRES

... [Les Juifs étant le groupe le plus riche du pays, il est normal que, comme l'a écrit Will Maslow, conseiller général du Congrès juif américain [dans *The Structure and Functioning of the American Jewish Community*] :

"Le pourcentage de Juifs... qui s'impliquent dans les affaires du parti en tant que décideurs et collecteurs de fonds est probablement plus élevé que celui de tout autre groupe racial, religieux ou ethnique. Il en résulte que les Juifs jouent un rôle dans la vie politique du pays dont l'importance dépasse de loin leur proportion dans la population totale."[65]

LES JUIFS AU SÉNAT DES ÉTATS-UNIS

Barbara Boxer (D-Calif.)	Norm Coleman (R-Minn.)
Russ Feingold (D-Wis.)	Dianne Feinstein (D-Calif.)
Herb Kohl (D-Wis.)	Frank Lautenberg (D-N.J.)
Carl Levin (D-Mich.)	Charles Schumer (D-N.Y.)
Arlen Specter (R-Pa.)	Ron Wyden (D-Ore.)

LES JUIFS AUX ÉTATS-UNIS CHAMBRE DES REPRESENTANTS

Gary Ackerman (D-N.Y.)	Shelley Berkley (D-Nev.)
Howard Berman (D-Calif.)	Eric Cantor (R-Va.)

---

[64] Cité dans Brenner, p. 111.

[65] Brenner, pp. 120-121.

Ben Cardin (D-Maryland)	Susan Davis (D-Calif.)
Rahm Emanuel (D-Ill.)	Eliot Engel (D-N.Y.)
Bob Filner (D-Calif.)	Barney Frank (D-Mass.)
Jane Harman (D-Ca.)	Steve Israel (D-N.Y.)
Tom Lantos (D-Calif.)	Sander Levin (D-Mich.)
Nita Lowey (D-N.Y.)	Jerrold Nadler (D-N.Y.)
Steve Rothman (D-N.J.)	Bernie Sanders (I-Vt.)
Jan Schakowsky (D-Ill.)	Adam Schiff (D-Calif.)
Debbie Wasserman Schulz (D-Fla.)	Allyson Schwartz (D-Pa.)
Brad Sherman (D-Calif.)	Henry Waxman (D-Calif.)
Anthony Weiner (D-N.Y.)	Robert Wexler (D-Fla.)

UN POUVOIR DE VOTE PRESQUE DEUX FOIS SUPÉRIEUR

Les Juifs représentent 10,6% de la population de l'État de New York. Ils représentent 5,9% de la population du New Jersey, avec 100 000 personnes dans le comté de Bergen et 95 000 autres dans le comté d'Essex. Les Juifs représentent 4,8% de la population du district de Columbia. Ils représentent 4,7% de la population de la Floride, dont 225 000 dans la seule ville de Miami. Ils représentent 4,6% du Maryland, avec 100 000 personnes dans les comtés de Montgomery et de Prince Georges et 92 000 à Baltimore, 4,3% du Massachusetts, avec 170 000 Juifs à Boston.

Ils ne représentent peut-être que 3,2% des Californiens, mais il y a 500 870 Juifs dans la région de Los Angeles et 75 000 Juifs représentent environ 10% de la population de San Francisco. L'agglomération de Philadelphie compte 295 000 Juifs et celle de Chicago 253 000.

Les Juifs étant la couche la plus éduquée de l'électorat, ils votent dans des proportions plus importantes que n'importe quel autre groupe ethnique ou religieux.

Quatre-vingt-douze pour cent des Juifs votent aux élections nationales, contre seulement 54% de l'ensemble de la population. Les Juifs ne représentent peut-être que 10,6% de l'État de New York, mais ils constituent entre 16% et 20% des électeurs. Plus important encore, ils représentaient 30% des électeurs lors des primaires démocrates d'avril 1984 dans l'État de New York, et on estime qu'ils ont représenté 41% des voix de Mondale. Ils représentent habituellement près de 50% des électeurs démocrates lors des élections municipales.[66]

LES JUIFS "AMPLIFIENT LEUR POUVOIR DE VOTE

Bien que les Juifs constituent une petite minorité, ils exercent leur droit de vote et renforcent ainsi leur pouvoir électoral. Environ 80% des Juifs éligibles aux États-Unis sont inscrits sur les listes électorales, contre environ 50% de tous les adultes en âge de voter. En outre, les juifs inscrits ont deux fois plus de chances de voter. La combinaison des deux multiplie par trois le pouvoir de vote des Juifs. En outre, 81% des Juifs vivent dans seulement neuf États, ce qui fait d'eux un bloc politique important, en particulier au niveau national. Lors des élections présidentielles, ces neuf États représentent 202 des 535 voix du collège électoral. La population juive pourrait donc faire pencher la balance lors d'une élection présidentielle serrée.[67]

CONCENTRATION DE LA POPULATION JUIVE ET POURCENTAGE DE L'ÉLECTORAT TOTAL

	% de Juifs	% de l'électorat
New York (en anglais)	9.0	18.3
New Jersey	5.5	9.9
Floride	4.7	8.2
Massachusetts	4.5	8.3

---

[66] *Ibid.* p. 119-120.

[67] Silbiger, p. 53.

Maryland	4.3	8.1
Connecticut	3.0	6.2
Californie	3.0	6.2
Pennsylvanie	2.7	4.9
Illinois	2.3	3.9

SOURCE [68]

COMITÉS D'ACTION POLITIQUE JUIFS (PAC)

Ce qui suit est une liste illustrative, mais en aucun cas complète, de comités d'action politique (PAC) opérant dans le cadre de la sphère d'influence juive américaine aujourd'hui. La quasi-totalité d'entre eux portent des noms tout à fait inoffensifs qui ne reflètent pas leur parti pris juif ou pro-israélien. En fait, la plupart (sinon la totalité) de ces PAC sont orientés vers l'élection de candidats pro-israéliens, et leur influence combinée indique un conglomérat étonnant de pouvoir financier et politique.

Si, dans un premier temps, l'énumération de cette liste apparemment interminable de noms qui, à première vue, ne signifient pas grand-chose, peut sembler un terrible gaspillage de la page imprimée, il faut garder à l'esprit que ces PAC - si largement répandus à travers l'Amérique - ont depuis longtemps la capacité de travailler ensemble pour élire les candidats de leur choix. Bien sûr, ils affirment tous qu'ils sont "indépendants" les uns des autres, mais quiconque croit cela est prêt à croire n'importe quoi !

National PAC (Washington, DC)

Comité d'action commune pour les affaires politiques (Illinois)

Citizens Organized Political Action Committee (Californie)

Caucus du désert (Arizona)

---

[68] Ibid.

Delaware Valley PAC (Pennsylvanie)

24e district congressionnel de Californie PAC

Hudson Valley PAC (New York)

Comité de la capitale du Texas

East Midwood PAC (New York)

Balpac (Illinois)

Connecticut Good Government PAC

City PAC (Illinois)

Gold Coast PAC (Floride)

Elections Committee of the County of Orange (Californie) South Bay Citizens for Good Government (Californie) Icepac (New York)

Topac (Illinois)

Long Island PAC (New York)

Comité d'action gouvernementale (Texas)

Kings County PAC (New York)

Ocean State PAC (Rhode Island)

Tennesseans for Better Government (Les Tennesseens pour un meilleur gouvernement)

Americans for a Better Congress (Illinois)

Les Caroliniens du Sud pour un gouvernement représentatif

Silver State PAC (Nevada)

Pour l'intégrité dans le gouvernement (Texas)

Badger PAC (Wisconsin)

Caucus du sud de la Floride

Suffolk PAC (New York)

Young Americans PAC (Californie)

Seattle PAC (État de Washington)

Fonds pour la liberté (Washington, DC)

Chaipac (Missouri)

Comité politique de Walters Construction Management (Colorado)

Garden PAC (New Jersey)

Northern New Jersey PAC (New Jersey)

Americans for Better Citizenship (New York)

AG PAC (Iowa)

PAC de la région du sud du Texas

PAC de la Pennsylvanie du Nord-Est

Heritage PAC (Massachusetts)

Chipac/Une organisation à but non lucratif de l'Illinois

Les Mississippiens pour un gouvernement responsable

Comité du Congrès de Floride

Louisans for Better Government (Saint-Louisiens pour un meilleur gouvernement)

Roundtable PAC (New York)

Les San-Franciscains pour un bon gouvernement

Americans for Good Government (Alabama)

Comité d'action nationale (Floride)

National Bipartisan PAC (Washington, DC)

Comité politique des femmes d'Hollywood

Mid-Manhattan PAC

Citizens Concerned for the National Interest (Illinois) Arizona Politically Interested Citizens (Citoyens intéressés par la politique)

Mopac (Michigan)

Garden State PAC (New Jersey)

Pacific PAC (Californie)

Comité de campagne du Congrès du Massachusetts

Comité d'action du Congrès du Texas

PAC à enjeux multiples (Illinois)

Louisianans for American Security PAC (Les Louisianais pour la sécurité américaine)

Women's Pro-Israel National PAC (Washington, DC) Georgia Citizens for Good Government (Citoyens de Géorgie pour un bon gouvernement)

Comité pour 18 (Colorado)

Chicagoans for a Better Congress (Illinois)

San Diego Community PAC (Californie)

Heartland PAC (Washington, DC)

Tx PAC (Texas)

Protéger notre patrimoine (Illinois)

Louis PAC

Association du bon gouvernement de la région de Sacramento

Religion and Tolerance Committee (Washington, DC) Adler Group, Inc. PAC (Floride)

R R D et B Good Government Committee (Washington, D.C.) Baypac (Floride)

Association des citoyens concernés du Maryland

Campaign for America (New Jersey)

Five Towns PAC (New York)

Cap PAC (Washington, DC)

Lower Westchester PAC (New York)

Freedom Now (Californie)

Southwest Political Action Caucus (Nouveau Mexique)

Côte des Barbares (Californie)

State Pac (New York)

PAC Pennsylvanie

Wilamette PAC (Oregon)

South-Brook PAC (New York)

Mobilization PAC (New York)[69]

Et croyez-le ou non, cette liste n'est même pas complète ! Mais il s'agit certainement d'un échantillon représentatif qui montre comment les sionistes ont habilement déguisé leurs PAC sous des noms inoffensifs.

Les PAC vont et viennent, mais les PAC à orientation juive se sont révélés parmi les plus durables et l'ironie veut que ces organisations politiquement influentes soient apparues après le scandale du Watergate, à l'époque où la "réforme" était dans l'air du temps.

En fait, comme le montre l'influence croissante de ces PAC, les "réformes" de l'après-Watergate ont eu pour effet l'institution effective du pouvoir politique juif sur la scène américaine, peut-être d'une manière jamais vue auparavant.

IMMIGRÉS ISRAÉLIENS ET CRIME ORGANISÉ

Entre 1950 et 1979, 96 504 citoyens israéliens ont obtenu le statut d'immigrant légal dans ce pays. On estime à 23 000 le nombre de clandestins. Les Israéliens nés dans le pays constituent la majorité depuis 1966, et environ 75% depuis 1978. Le nombre d'émigrés augmente d'environ 10% chaque année. Un peu moins d'un juif américain sur 50 est aujourd'hui un ancien Israélien.

Les trois quarts d'entre eux vivent à New York, dans le New Jersey, dans l'Illinois ou en Californie, la plupart dans des régions à forte concentration juive. Plus de 70% d'entre eux sont des professionnels et des cols blancs, mais environ 5% travaillent dans le secteur des services, notamment comme chauffeurs de taxi, et parfois comme propriétaires de flottes.

La grande visibilité de ces derniers a donné à l'opinion publique l'illusion que la plupart des migrants appartenaient à la classe inférieure. Il y a cependant un élément qui a profondément préjugé de

---

[69] Des listes de comités d'action politique juifs ont été publiées dans une grande variété de publications et sur Internet au fil des ans. Cet ensemble de PAC juifs est un conglomérat de plusieurs de ces listes.

nombreux Juifs à leur égard. Le 29 avril 1984, le *Jerusalem Post* rapportait qu'une étude de la commission judiciaire du Sénat américain estimait qu'"environ 1000 personnes" étaient impliquées "dans une myriade d'activités criminelles organisées".

Leurs activités se développent à New York, en Californie et ailleurs, et comprennent "la fraude à l'assurance, la facturation fictive, la fraude à la faillite, l'extorsion, le trafic de stupéfiants, l'immigration illégale et l'homicide... Ces Israéliens sont fortement impliqués dans l'importation et la distribution de stupéfiants, en particulier de cocaïne et d'héroïne".[70]

LES JUIFS ET LE PARTI COMMUNISTE - USA

Il n'existe pas de chiffre exact, mais il est certain que la proportion de Juifs au sein du parti communiste des États-Unis dépassait celle de toute autre communauté ethnique. On peut estimer qu'entre 40 et 50% des membres du parti étaient juifs entre la fin des années 1930 et le milieu des années 1940.[71]

LES FEMMES JUIVES DÉPASSENT LES FEMMES NON JUIVES

[Une étude réalisée en 1990 a révélé que 78% des hommes juifs âgés de vingt-cinq ans et plus avaient suivi au moins une formation universitaire, contre seulement 42% des hommes blancs : 65% des hommes juifs ont obtenu un diplôme, contre 57% des hommes blancs ; 32% ont fait des études supérieures, contre seulement 11% des hommes blancs. Les femmes juives ont également bénéficié d'un grand avantage en matière d'éducation par rapport aux non-Juifs, avec un taux de fréquentation de l'université de 60%, contre 34% pour l'ensemble des femmes blanches. Cela explique peut-être pourquoi tant de femmes juives ont fait partie des pionnières du mouvement féministe.... Selon

---

[70] Brenner, pp. 32-33.

[71] *Ibid.*, p. 46.

le numéro d'avril 1999 du magazine *Biography*, 50% des "25 femmes les plus puissantes" étaient juives ou avaient des parents juifs.[72]

CLUB "SECRET" DE MILLIARDAIRES JUIFS

En mai 1998, le *Wall Street Journal* a fait état d'un "club secret et peu organisé de vingt hommes d'affaires juifs parmi les plus riches et les plus influents d'Amérique", appelé le "Mega Group" ou "Study Group". Leslie Wexner, président de The Limited, et Charles Bronfman, co-président de Seagram Co. ont fondé le groupe en 1991.

Se réunissant deux fois par an pendant deux jours, les membres assistent à une série de séminaires liés à la philanthropie et aux Juifs. Face au vieillissement de la génération des immigrants, à la mémoire floue de l'Holocauste et au taux élevé de mariages mixtes, le groupe s'efforce de maintenir l'élan philanthropique et l'identité juive. Cette communauté de personnes très riches permet à ses membres de rechercher des partenariats pour leurs causes individuelles et de s'informer mutuellement de leurs succès et de leurs difficultés. Il existe des séances de réseautage dans d'autres religions, mais il y en a peu dans les rangs les plus élevés des entreprises comme celle-ci. Les membres du Mega Group se font discrets car ils ne veulent pas entrer en concurrence avec les institutions juives établies. Ils s'engagent dans des projets spéciaux qui, selon eux, peuvent faire la différence, comme le soutien à des écoles juives ou à des programmes tels que le "Birthright Project", qui envoie en Israël tous les jeunes juifs nés sur cette planète qui le souhaitent. [Parmi les membres, on trouve Steven Spielberg de Dreamworks, Laurence Tisch, président de Lowes Corp, Marvin Lender, magnat du bagel, Leonard Abramson, fondateur de U.S. Healthcare, et Lester Crown, investisseur et copropriétaire des Chicago Bulls.[73]

---

[72] Steven Silbiger. *Le phénomène juif*. (Atlanta, Géorgie : The Longstreet Press, 2000), p. 24.

[73] *Ibid.* p. 47-48.

UN TAUX D'EMPLOI INDÉPENDANT DEUX FOIS PLUS ÉLEVÉ

En général, les Juifs américains ont un taux d'emploi indépendant près de deux fois supérieur à celui des autres groupes ethniques aux États-Unis, un ratio similaire à celui de la Grande-Bretagne et de l'Europe. Seuls 4% des immigrants laotiens et portoricains sont des entrepreneurs. Les immigrés coréens et israéliens arrivent en tête, avec des taux proches de 30%. Cette volonté d'entreprendre est essentielle à la réussite juive, car 80% des millionnaires aux États-Unis sont des autodidactes qui n'ont pas hérité de leur fortune.[74]

LES JUIFS DE WALL STREET

Voici une courte liste d'autres personnalités juives bien connues de Wall Street :

- George Soros - investisseur mondial en devises, matières premières et actions ;

- Carl Icahn - investisseur et spéculateur en matière d'acquisitions ; possède TWA, USX, Continental Airlines, RJR Nabisco ;

- Laurence Tisch - investisseur et spéculateur en matière de rachat ; propriétaire des cinémas et hôtels Loews, CBS [Note : aujourd'hui décédé] ;

- Barry Diller - président de USA networks, propriétaire de Home Shopping Network et de Ticketmaster ;

- Michael Bloomberg - fondateur et propriétaire du service d'information financière Bloomberg LP [Note : aujourd'hui maire de New York] ;

- Ron Perelman - spécialiste des rachats d'entreprises ; propriétaire de Revlon, MacAndrew & Forbes et d'autres sociétés ;

---

[74] *Ibid.*, p. 69.

- Sanford Weill - co-président de Citigroup, propriétaire de Salomon, Smith Barney et Travelers Group ;

- Abbey Cohen - stratège en investissement très suivi, Goldman Sachs Group ;

- Alan Greenspan - président de la Réserve fédérale ; détermine les taux d'intérêt américains ;

- Alan "Ace" Greenberg - président de Bear Stearns ;

- Stephen Schwarzman - a fondé le groupe Blackstone, une société de banque d'investissement ;

- Harvey Golub - président d'American Express ;

- Saul Steinberg - président de Reliance Corporation, investisseur ;

- Asher Edelman - chroniqueur financier influent pour *Barron's* ;

- Louis Rukeyser - animateur plein d'esprit de l'émission "Wall Street Week" sur PBS.[75]

LES "MAÎTRES" DE L'INTERNET ?

Un article de *Forbe* s sur l'Internet paru en juillet 1998 et intitulé "Les maîtres du nouvel univers" soulignait que treize entreprises étaient à la tête du boom de l'Internet. Les recherches ont révélé que quatre d'entre eux (30%) sont juifs.[76]

SŒURS SOB JUIVES

Le Dr Ruth Westheimer, *née* Karola Ruth Siegel, est un excellent exemple du franc-parler juif... Le Dr Ruth est-elle la seule à être un grand pourvoyeur juif de [conseils] pour l'Amérique ? Pas du tout.

---

[75] *Ibid.*, p. 79.

[76] *Ibid.*, p. 87.

Joyce Brothers et Laura Schlessinger sur les ondes, Ann Landers (Esther Pauline Friedman Lederer) et sa sœur jumelle Abigail "Dear Abby" Van Buren (Pauline Esther Friedman Phillips) dans la presse écrite, ont toutes gagné leur vie en faisant la même chose.[77]

UN VASTE EFFET D'ENTRAÎNEMENT

Les Juifs ont été les créateurs d'Hollywood et des grands studios qui l'ont défini. L'implication des Juifs dans le cinéma est plus qu'une histoire à succès ; elle est à la base de l'influence disproportionnée que les Juifs ont eue dans la formation de la culture populaire américaine. Et cela ne s'arrête pas aux films, puisque l'industrie cinématographique a en fait donné naissance à l'industrie télévisuelle.

Le temps des grands studios est révolu, mais l'influence juive sur Hollywood demeure. Les propriétaires de Dreamworks, Steven Spielberg, David Geffen et Jeffrey Katzenberg, disposent ensemble d'un pécule de 5 milliards de dollars. Sumner Redstone, qui possède Paramount Pictures par l'intermédiaire de Viacom, détenait autrefois un pourcentage important de Columbia Pictures et de Twentieth Century Fox. Michael Eisner dirige le studio Disney qui, à l'époque de Walt, excluait ironiquement les Juifs. La société Seagram d'Edgar Bronfman possède les studios Universal. Michael Ovitz gère les carrières des célébrités....

Outre les chefs d'entreprise, un très grand nombre de Juifs participent à l'industrie du divertissement. Cela ne fait pas partie d'un grand projet, mais lorsqu'un groupe ethnique s'implique aussi fortement et avec autant de succès dans une industrie particulière que les Juifs l'ont fait dans le cinéma, l'influence, les relations et le pouvoir du groupe produisent un vaste effet d'entraînement, et d'autres acteurs, écrivains, rédacteurs, techniciens, réalisateurs et producteurs juifs leur emboîtent le pas...[78]

---

[77] *Ibid.*, p. 100.

[78] *Ibid.*, p. 108-111.

LES JUIFS ET LES NOUVELLES : UNE COMMUNAUTE TRES ÉTROITE

L'influence juive est tout aussi prononcée à la télévision qu'au cinéma. Dans les journaux télévisés, les juifs sont très visibles devant la caméra. En tant que journalistes, leurs croyances religieuses et culturelles personnelles ne sont pas prises en compte dans leurs reportages, mais leur pouvoir est important car ils influencent la façon dont nous, Américains, voyons le monde et façonnons nos opinions..... Les producteurs de journaux télévisés sont encore plus influents que les journalistes, puisqu'ils décident des sujets qui seront diffusés, de l'ordre dans lequel ils seront présentés et de la durée de leur diffusion. Un nombre disproportionné d'entre eux sont également juifs....

Dans les années 1980, les producteurs exécutifs des trois journaux télévisés du soir étaient juifs. En outre, comme le souligne *Jewish Power* [de J. J. Goldberg, cité ailleurs - Ed.], alors que les Juifs représentent "5% de la presse active au niveau national - à peine plus que leur part de la population - ils constituent un quart des rédacteurs, des éditeurs et des producteurs des "médias d'élite" américains, y compris les divisions d'information des réseaux, les principaux hebdomadaires d'information et les quatre principaux journaux".

Le pourcentage remarquablement élevé de juifs à la télévision perdure depuis des générations, peut-être parce qu'il s'agit d'une communauté relativement petite et soudée. Dans un sondage réalisé auprès des créateurs de la télévision, 59% d'entre eux ont déclaré avoir été élevés dans la foi juive, tandis que 38% s'identifient toujours comme juifs.[79]

DEUX MAISONS, BEAUCOUP VOYAGÉ, DÎNER AU RESTAURANT

Une enquête réalisée en 1993 auprès des abonnés de *The Exponent*, l'hebdomadaire juif de Philadelphie, a donné une image claire de la richesse des Juifs et de leurs dépenses. De telles enquêtes ne sont absolument pas scientifiques, mais les résultats montrent que les juifs

---

[79] *Ibid.* p. 112-117.

sont [fiscalement] conservateurs, mais qu'ils dépensent pour des choses qu'ils apprécient :

- 26,1% possédaient une résidence secondaire ;

- 34,7% ont voyagé en dehors des États-Unis au cours des douze derniers mois ;

- 49,2% ont dîné au restaurant dix fois ou plus au cours des trente derniers jours ;

- 21% appartiennent à un club de santé ;[80]

LES PERSONNES QUI ONT LES MOYENS D'ACHETER DES LIVRES

Les Juifs sont la pierre angulaire des ventes de livres reliés, "représentant entre 50 et 75% des ventes de livres reliés non institutionnels aux États-Unis". Même 25% représenteraient une part étonnamment disproportionnée des ventes totales. Les livres de poche sont les éditions les plus chères qui précèdent les livres de poche moins chers et qui permettent aux éditeurs de dégager les marges les plus importantes. Les acheteurs juifs-américains sont donc extrêmement importants pour l'industrie de l'édition.[81]

ACHATS DE LIVRES À COUVERTURE RIGIDE

	National Moyenne nationale	Juifs Lecteurs
Achat d'un livre au cours des 12 derniers mois	19%	70%
1-5 livres	13%	39%
6-9 livres	3%	9%

---

[80] *Ibid*, pp. 124-125.

[81] *Ibid.*, p. 126.

10 ou plus	3%	17%

SOURCE[82]

TITRES ET INVESTISSEMENTS DÉTENUS

Valeur des titres détenus	Moyenne nationale	Investisseurs juifs
Posséder des titres	27%	73%
50 000 $ à 99 999	2.1%	12%
100K$ ou plus	1.8%	38%
$100K-$499,999	NA	24%
$500K-$999,999	NA	7%
1 million de dollars ou plus	NA	7%

SOURCE[83]

NOMS JUIFS DANS LE CLASSEMENT FORBES 400

Il serait impossible de citer tous les hommes d'affaires juifs qui ont réussi en Amérique aujourd'hui. Toutefois, l'un des critères de réussite les plus évidents est l'inscription sur la liste *Forbes* 400. Pour figurer sur cette liste en octobre 1999, il fallait avoir un patrimoine net d'au moins 625 millions de dollars. Les juifs représentaient 23% de l'ensemble du groupe, 36% des cinquante premiers et 24% des milliardaires, soit sept, dix-huit et douze fois leur pourcentage relatif dans l'ensemble de la population américaine. Ces pourcentages dans le *Forbes* 400 ont été constants dans le temps, bien que les acteurs

---

[82] *Ibid.* citant l'*étude Simmons sur les médias et les marchés*, 1989, publiée en 1990 par le Simmons Market Research Bureau.

[83] *Ibid.* p. 131, citant l'*étude Simmons sur les médias et les marchés*, 1989, publiée en 1990 par le Simmons Market Research Bureau.

changent d'une année à l'autre ; les études des listes de 1982, 1983 et 1984 menées par d'autres révèlent des chiffres similaires. [84]

LA LISTE DES JUIFS DU "FORBES 400" EN 2004

Ce qui suit est une liste des Américains juifs figurant sur la liste *Forbes* 400 des Américains les plus riches pour l'année 2004, bien que la liste ne soit peut-être pas complète car, comme l'a fait remarquer l'écrivain juif américain Steven Silbiger sur (en référence aux listes précédentes), il y a peut-être jusqu'à quinze autres personnes qui pourraient également y figurer, mais qui gardent leurs antécédents juifs secrets.[85]

(À la fin de la liste principale figure une liste plus réduite de personnes dont les noms apparaissent sur la liste *Forbes* 400 de 2004, mais dont les antécédents ethniques sont inconnus ou peu clairs, mais probablement juifs). La liste qui suit est probablement le résumé le plus complet et le plus actuel des principaux milliardaires et méga-millionnaires juifs en Amérique aujourd'hui, bien qu'il existe de nombreuses fortunes juives substantielles qui ne figurent pas dans le "top 400" (mais qui ont déjà figuré sur la liste).

Notons toutefois que de nombreux héritiers de la fortune de Mars Candy et de l'empire hôtelier Pritzker se sont, par exemple, partagé plusieurs milliards de dollars, ce qui en fait l'un des groupes familiaux les plus riches de la planète.

Le numéro qui suit le nom de la personne correspond à sa position sur la liste *Forbes* 400 (il est à noter que plusieurs personnes peuvent occuper cette position particulière), ce qui signifie, bien entendu, qu'il y a souvent plus de 400 noms sur la liste *Forbes*.

Michael Dell (9)
Ordinateur Dell
14,2 milliards de dollars

George Soros (24)
Investissements, transactions
7,2 milliards de dollars

---

[84] *Ibid.*, p. 87.

[85] *Ibid.*, p. 88.

Larry Ellison (10)
Oracle Corp. (logiciels de réseau)
13,7 milliards de dollars

Forrest Edward Mars Jr (17)
Bonbons
10 milliards de dollars

Jacqueline Mars (17)
Bonbons
10 milliards de dollars

John Franklyn Mars (17)
Bonbons
10 milliards de dollars

Sumner Redstone (20)
Viacom, National Amusements
8,1 milliards de dollars

Carl Icahn (21)
Investissements, rachats
7,6 milliards de dollars

Si Newhouse (25)
Publications anticipées
7 milliards de dollars

Donald Newhouse (25)
Publications anticipées
7 milliards de dollars

Ronald Perelman (40)
Cosmétiques Revlon,
investissements, cigares
4,2 milliards de dollars

Sergey Brin (43)
Google
4 milliards de dollars

Larry Page (43)
Google
4 milliards de dollars

Famille Lester Crown (53)
General Dynamics
3,6 milliards de dollars

Keith Rupert Murdock (27)
News Corp.
6,9 milliards de dollars

Eli Broad (28)
Assurance, immobilier
6 milliards de dollars

Marvin Davis (30)
Immobilier, pétrole
5,8 milliards de dollars

Mickey Arison (32)
Carnival Cruise Lines
5,3 milliards de dollars

Michael Bloomberg (34)
Bloomberg News Service
5 milliards de dollars

David Geffen (37)
Dreamworks
4,4 milliards de dollars

Donald Bren (38)
Immobilier en Californie
4,3 milliards de dollars

Jeff Bezos (38)
Amazon
4,3 milliards de dollars

William Davidson (68)
Guardian Ind. (fabrication de verre)
2,8 milliards de dollars

Ralph Lauren (72)
Vêtements, mode
2,7 milliards de dollars

Steven Spielberg (74)
Films cinématographiques
2,6 milliards de dollars

Leonard Stern (79)
Montagne Hartz
2,5 milliards de dollars

Leonard Lauder (55)
Cosmétiques Estee Lauder
3,2 milliards de dollars

Maurice Greenberg (59)
Assurance
3,1 milliards de dollars

Sheldon Adelson (60)
Salons informatiques, casinos
3 milliards de dollars

Preston Tisch (60)
Loews Corp ; CBS
3 milliards de dollars

Leslie Wexner (65)
Marques limitées
2,9 milliards de dollars

Ronald Lauder (102)
Cosmétiques Estee Lauder
2,1 milliards de dollars

Herbert Kohler et sa famille (102)
Appareils sanitaires
2,1 milliards de dollars

Leonore Annenberg (106)
TV Guide, Triangle Publications
2 milliards de dollars

Bruce Kovner (106)
Caxton Corp ; investissements
2 milliards de dollars

Bernard Marcus (106)
Home Depot
2 milliards de dollars

Stephen A. Cohen (106)
Fonds spéculatifs
2 milliards de dollars

Herbert Anthony Allen, Jr (106)
Banque d'investissement
2 milliards de dollars

Edgar Bronfman, père (79)
Seagrams, Time-Warner, etc.
2,5 milliards de dollars

Sam Zell (87)
Immobilier, investissements
2,4 milliards de dollars

Ronald Burkle (92)
Supermarchés, investissements
2,3 milliards de dollars

Leona Helmsley (97)
Immobilier à New York
2,2 milliards de dollars

Haim Saban (97)
Télévision
2,2 milliards de dollars

Leslie Gonda (118)
Crédit-bail international
1,5 milliard de dollars

S. Daniel Abraham (124)
Régime Slim-Fast
1,8 milliard de dollars

Thomas J. Pritzker (142)
Hôtels, investissements
1,7 milliard de dollars

Stanley Druckenmiller (142)
Fonds spéculatifs
1,7 milliard de dollars

Tom T. Gores (142)
Rachats d'entreprises par effet de levier
1,7 milliard de dollars

Edward S. Lampert (142)
Investissements
1,7 milliard de dollars

Penny Pritzker (152)
Hôtels, investissements
1,6 milliard de dollars

Mitchell Rales (118)
Danaher Corp.
1,9 milliard de dollars

Steven Rales (118)
Danaher Corp.
1,9 milliard de dollars

Mortimer Zuckerman (152)
U.S. News & World Report,
immobilier
1,6 milliard de dollars

Sidney Frank (152)
Alcools
1,6 milliard de dollars

Henry Samueli (165)
Broadcom
1,5 milliard de dollars

Anthony Pritzker (165)
Hôtels, investissements
1,5 milliard de dollars

Daniel Pritzker (165)
Hôtels, investissements
1,5 milliard de dollars

James Pritzker (165)
Hôtels, investissements
1,5 milliard de dollars

Jay Robert Pritzker (165)
Hôtels, investissements
1,5 milliard de dollars

Jean Pritzker (165)
Hôtels, investissements
1,5 milliard de dollars

John A. Pritzker (165)
Hôtels, investissements
1,5 milliard de dollars

John J. Fisher (165)
The Gap (vêtements)
1,5 milliard de dollars

Melvin Simon (152)
Immobilier
1,6 milliard de dollars

Peter B. Lewis (152)
Progressive Corp. (assurance automobile)
1,6 milliard de dollars

Karen Pritzker (165)
Hôtels, investissements
1,5 milliard de dollars

Linda Pritzker (165)
Hôtels, investissements
1,5 milliard de dollars

Michael Krasny (165)
CDW Corp.
1,5 milliard de dollars

Henry Kravis (165)
Rachats d'entreprises par effet de levier
1,5 milliard de dollars

George R. Roberts (165)
Rachats d'entreprises par effet de levier
1,5 milliard de dollars

Louis Gonda (165)
Crédit-bail international
1,9 milliard de dollars

Dirk Ziff (165)
Ziff Davis Publishing (vendu)
1,5 milliard de dollars

Robert Ziff (165)
Ziff Davis Publishing (vendu)
1,5 milliard de dollars

Daniel Ziff (165)
Ziff Davis Publishing (vendu)
1,5 milliard de dollars

Stephen Wynn (215)
Casinos
1,3 milliard de dollars

Robert J. Fisher (165)
The Gap (vêtements)
1,5 milliard de dollars

Wilma Stein Tisch (165)
Loews Corp ; CBS
1,5 milliard de dollars

Sanford Weill (203)
Citigroup (Groupe Travelers)
1,4 milliard de dollars

Alfred Mann (203)
Inventeur, homme d'affaires
1,4 milliard de dollars

Ernest S. Rady (215)
Investissements
1,3 milliard de dollars

Alec Gores (215)
Rachats d'entreprises par effet de levier
1,3 milliard de dollars

Barry Diller (215)
USA Networks ; Ticketmaster
1,3 milliard de dollars

Mark Cuban (215)
Broadcast.com
1,3 milliard de dollars

Pincus Green (260)
Négociant en matières premières
1,1 milliard de dollars

Carl Berg (260)
Immobilier dans la Silicon Valley
1,1 milliard de dollars

Herbert Siegel (280)
Télévision
1,1 milliard de dollars

Nicholas Pritzker II (234)
Hôtels, investissements
1,2 milliard de dollars

Alan Gerry (234)
Cablevision
1,2 milliard de dollars

Norma Lerner (234)
Héritier de la fortune de MBNA (cartes de crédit)
1,2 milliard de dollars

Randolph Lerner (234)
Héritier de la fortune de MBNA (cartes de crédit)
1,2 milliard de dollars

Nancy Lerner Beck (234)
Héritier de la fortune de MBNA (cartes de crédit)
1,2 milliard de dollars

Arthur Blank (234)
Home Depot
1,2 milliard de dollars

Thomas Lee (234)
Rachats d'entreprises par effet de levier
1,2 milliard de dollars

Marc Rich (260)
Marc Rich (260)
1,1 milliard de dollars

Michael Milken (278)
Drexel Burnham Lambert, négociation
1 milliard de dollars

William S. Fisher (278)
The Gap (vêtements)
1 milliard de dollars

Jerome Kohlberg, Jr (278)
Kohlberg, Kravis & Roberts
1 milliard de dollars

Donald Fisher (260)
The Gap (vêtements)
1,1 milliard de dollars

Doris Fisher (260)
The Gap (vêtements)
1,1 milliard de dollars

Michael Milken (278)
Investissements
1 milliard de dollars

Jeremy Maurice Jacobs Sr (278)
Concessions sportives
1 milliard de dollars

David Gottesman (278)
Investissements
1 milliard de dollars

Nelson Peltz (278)
Boissons Snapple ; rachats
d'entreprises par effet de levier
1 milliard de dollars

Bernard A. Osher (324)
Banque, investissements
960 millions de dollars

Irwin Jacobs (334)
Qualcomm (télécommunications)
930 millions de dollars

Herbert Sandler (337)
Banque
920 millions de dollars

Marion O. Sandler (337)
Banque
920 millions de dollars

Alfred Taubman (340)
Centres commerciaux
900 millions de dollars

Guilford Glazer (340)
Immobilier, centres commerciaux
900 millions de dollars

Andreas Bechtolsheim (278)
Google
1 milliard de dollars

Neil Gary Bluhm (278)
Immobilier
1 milliard de dollars

Malcolm Glazer (278)
Centres commerciaux
1 milliard de dollars

Marvin J. Herb (278)
Embouteillage de boissons non alcoolisées
1 milliard de dollars

Michael F. Price (278)
Investissements
1 milliard de dollars

Arthur J. Rock (315)
Capital-risque
975 millions de dollars

Gerry Lenfest (369)
communications par câble
800 millions de dollars

Jeffrey Katzenberg (369)
Dreamworks
800 millions de dollars

Robert Friedland (369)
Exploitation minière
800 millions de dollars

Norman Hascoe (369)
Investissements
800 millions de dollars

Lowell Milken (369)
Investissements
800 millions de dollars

Marc B. Nathanson (369)
Câble, investissements
800 millions de dollars

Phillip Frost (352)
Ivax Corp.
850 millions de dollars

Leon Levine et sa famille (361)
840 millions de dollars

Paul Barry Pompier (362)
Reebok
830 millions de dollars

Walter Shorenstein (389)
Immobilier à San Francisco
750 millions de dollars

Stephen L. Bing et sa famille (389)
Héritage
750 millions de dollars

Max Martin Fisher (383)
Marathon Oil
775 millions de dollars

Harold Honickman (383)
Embouteilleur de Pepsi
775 millions de dollars

William Levine (389)
Systèmes extérieurs (panneaux d'affichage)
750 millions de dollars

Jack Nash (389)
Investissements
750 millions de dollars

Stephen Schwarzman (389)
Investissements
750 millions de dollars

SOURCE[86]

Voici les noms d'une poignée d'autres personnes figurant sur la liste *Forbes* 400 pour l'année 2004, dont les antécédents ethniques sont inconnus mais qui pourraient être juifs. Comme dans la liste ci-dessus, le chiffre entre parenthèses qui suit le nom de la personne correspond à son rang sur la liste.

Charles Ergen (23)
EchoStar
7,3 milliards de dollars

George Joseph (278)
Assurance
1 milliard de dollars

William H. Gross (278)
Obligations
1 milliard de dollars

Philip H. Knight (22)
Nike
7,4 milliards de dollars

---

[86] Cette liste a été établie par Michael Collins Piper sur la base de la liste *Forbes* 400 de 2004, et en utilisant l'Internet et d'autres sources, notamment Silbiger et Brenner, cités dans le présent document, pour prouver l'ascendance juive des personnes dont les noms figurent sur la liste.

Carl Pohlad (92)
Banque
2,3 milliards de dollars

Phillip Ruffin (215)
Casinos, immobilier
1,3 milliard de dollars

Gary Magness (349)
Héritage
875 millions de dollars

Wilbur L. Ross Jr (278)
Rachats d'entreprises par effet de levier
1 milliard de dollars

Eric Schmidt (165)
Google
1,5 milliard de dollars

SOURCE [87]

AMERIQUE : LE PLUS GRAND TRIOMPHE...

C'est en Amérique que le triomphe est le plus grand. Avec un peu plus de 2,5% de la population américaine, les Juifs connaissent un succès étonnamment disproportionné dans tous les domaines où ils ont été autorisés à s'exercer... Le centième anniversaire de [l'ouvrage de Théodore Herzl] *L'État juif* trouve un État juif, mais aussi deux Juifs [Mickey Kantor et Sir Leon Brittan] représentant les grands blocs commerciaux, les États-Unis et l'Union européenne, dans les négociations commerciales, et deux autres comme ministre de l'intérieur [Michael Howard] et ministre des affaires étrangères [Malcolm Rifkind] du pays [l'Angleterre] où Inglis avait dit un jour que les Juifs devaient toujours rester une nation séparée et d'où Carlysle avait espéré les voir chassés vers la Palestine.[88]

LA CULTURE OCCIDENTALE EST "IMPRÉGNÉE DE JUDAÏSME

Alors que les Juifs d'Occident sont peut-être confrontés à un déclin démographique important, voire fatal, le *Verjudung* dont leurs ennemis

---

[87] *Ibid.*

[88] Wheatcroft, p. 343.

se plaignaient autrefois s'est réalisé : la culture occidentale est imprégnée de judaïté.

Dans la mesure où elle n'a pas été noire, la culture populaire américaine du vingtième siècle a été juive, de Hollywood à Broadway, des chansons de spectacle à l'humour mordant.[89]

Nous arrivons ainsi à la fin de notre étude des sources juives et pro-sionistes et de leurs commentaires - dont beaucoup de faits et de chiffres sont incontestables - concernant le pouvoir sioniste en Amérique.

Est-il nécessaire d'aller plus loin ? N'avons-nous pas rassemblé ici une vue d'ensemble qui démontre très clairement ce qu'il en est ?

Peut-on douter que ceux qui ont affirmé que le pouvoir juif en Amérique est immense n'ont pas menti, qu'ils n'ont pas été coupables de "promouvoir d'anciens mythes et canards antisémites", comme les médias nous le répètent souvent ?

Au contraire, le peuple juif a de quoi être fier et, dans ses propres publications, il se sent tout à fait libre de proclamer son statut particulier aux États-Unis. Les faits présentés dans *La nouvelle Jérusalem* sont en grande partie une affirmation de ce statut spécial.

---

[89] *Ibid.*, p. 344.

Un jugement définitif...

Le pouvoir juif en Amérique est aujourd'hui plus important que le pouvoir juif dans n'importe quel pays à n'importe quel moment de l'histoire.

Le professeur Norman Cantor a résumé l'immense pouvoir des Juifs dans l'Amérique d'aujourd'hui. Dans son livre controversé, *La chaîne sacrée*, qui a été largement critiqué pour sa franchise, Cantor a écrit : Au cours des quatre décennies qui ont suivi 1940, les juifs sont entrés dans la société américaine par le confort des banlieues, la pénétration des universités et les bastions privilégiés des professions savantes, les entreprises, la politique et le gouvernement, et les niveaux de contrôle des médias. Les Juifs étaient surreprésentés dans les professions intellectuelles par un facteur de cinq ou six.

En 1994, les Juifs ne représentaient que 3% de la population américaine, mais leur impact était équivalent à celui d'un groupe ethnique représentant 20% de la population.

Rien dans l'histoire juive n'a égalé ce degré d'accession des Juifs au pouvoir, à la richesse et à la prééminence.

Ni dans l'Espagne musulmane, ni dans l'Allemagne du début du XXe siècle, ni en Israël même, parce qu'il n'y avait pas de niveaux comparables de richesse et de pouvoir à l'échelle mondiale à atteindre dans ce petit pays. [90]

---

[90] Cantor, pp. 406-407.

Cantor conclut : "Les Morgan, les Rockefeller, les Harriman, les Roosevelt, les Kennedy, les titans des époques révolues, ont été supplantés par le Juif en tant qu'auteur d'exploits sans faille..."[91]

Et c'est ainsi, selon un universitaire juif, ce qui fait écho à la réalité des faits et des chiffres que nous avons vus dans ces pages : Les anciens noms de l'élite américaine ont été dépassés et aujourd'hui, l'élite sioniste a véritablement émergé comme ceux qui règnent en maître en Amérique - la nouvelle Jérusalem.

Philosophes sionistes modernes : "L'Amérique est la nouvelle Jérusalem"

Pour éviter tout doute sur le fait que les dirigeants de la communauté sioniste américaine considèrent désormais les États-Unis comme la nouvelle Jérusalem, il est essentiel de prendre en compte ce fait saillant et indéniable :

Les sionistes accusent désormais ouvertement les détracteurs d'Israël d'être non seulement antisémites et anti-israéliens, mais aussi anti-chrétiens et anti-américains, et affirment que les sentiments anti-israéliens sont en fait le fondement de l'anti-américanisme et que l'anti-américanisme est inextricablement indissociable des sentiments anti-israéliens, antisémites et anti-chrétiens.

En bref, la ligne de fond de cette proposition est que l'Amérique est effectivement "la nouvelle Jérusalem". L'Amérique et Israël ne font qu'un. De tels points de vue sont nourris aux plus hauts niveaux du mouvement sioniste et sont même aujourd'hui insérés dans le discours du débat public en Amérique. Ainsi, nous ne pouvons que conclure que tout ceci est une confirmation de la thèse avancée dans les pages de *La Nouvelle Jérusalem*.

En effet, la plupart des personnes dans le monde qui s'inquiètent du nouvel impérialisme poursuivi par les États-Unis savent très bien que cette politique n'est pas vraiment un "américanisme" mais, en fait, le produit des puissances sionistes et de leurs décideurs politiques haut

---

[91] *Ibid.*, p. 418.

placés qui en sont venus à régner en maîtres aux États-Unis, en particulier sous la présidence de George W. Bush.

Toutefois, comme d'habitude, les sionistes font toujours preuve d'une grande capacité à déformer la réalité pour la faire correspondre à leur vision particulière du monde. Les peuples du monde entier ne sont pas "anti-américains" (dans le sens où ils n'ont aucun problème avec le peuple américain). Au contraire, il semble que les personnes de tous horizons du monde entier comprennent souvent mieux que les Américains eux-mêmes qui dirige réellement l'Amérique, et qu'elles éprouvent une certaine sympathie pour les Américains qui se sont laissés manipuler sans relâche par la minorité sioniste. Il n'y a donc pas d'"antiaméricanisme" au sens où les sionistes voudraient nous le faire croire.

Il est également important de reconnaître que les peuples du monde entier n'ont aucun problème avec les principes de la démocratie, de la liberté et de l'autonomie, même s'ils sont définis de manière très vague. L'idée que le reste de la planète (à l'exception d'Israël) est en quelque sorte "anti-américain" est un mythe destructeur et dangereux que les sionistes ont propagé afin de monter les Américains contre tous ceux qui osent remettre en question le pouvoir sioniste en Amérique.

Le concept d'"antiaméricanisme" est donc en grande partie une invention sioniste. C'est dans le sillage des attaques terroristes du 11 septembre et au cours de la période qui a précédé l'invasion complètement folle (et ordonnée par les sionistes) de l'Irak par les États-Unis au printemps 2003, que les médias contrôlés par les sionistes aux États-Unis ont commencé à faire de l'"antiaméricanisme" une conséquence du besoin urgent d'alimenter une "guerre contre le terrorisme" mondiale (et apparemment sans fin) dont le président Bush et ses manipulateurs sionistes ont déclaré que la campagne de destruction de l'Irak était une composante vitale.

Conséquence directe des mensonges et des propos incendiaires de l'administration Bush, associés aux distorsions et à la désinformation délibérées des médias, de bons, honnêtes et honnêtes patriotes américains ont cru que le dirigeant irakien Saddam Hussein avait joué un rôle dans les attentats terroristes du 11 septembre et que la guerre contre l'Irak était donc justifiée.

Lors de la préparation de la guerre en Irak, les propagandistes sionistes et les médias ont commencé à diffuser de plus en plus le message suivant aux Américains : "Le monde entier est contre nous" - ou, pour le dire plus précisément, du moins tel qu'il a été présenté dans les médias : "Le monde entier est contre nous, les bons Américains, et nos bons amis, les Israéliens : "Le monde entier est contre nous, les bons Américains, et contre nos bons amis, les Israéliens, qui sont certainement notre seul allié démocratique au Moyen-Orient et notre seul allié réel, solide et fiable dans le monde entier.

Le thème de l'"antiaméricanisme" rampant a été inculqué aux Américains dans le but même de les rendre "anti" tous ceux qui refusaient de soutenir la guerre contre Saddam que les sionistes exigeaient des Américains qu'ils mènent en leur nom. En un sens, la guerre en Irak est devenue un - sinon "le" - bâton de mesure pour déterminer qui soutenait l'agenda sioniste, plus vaste et plus étendu, et qui ne le faisait pas.

Quoi qu'il en soit, le thème de l'"antiaméricanisme" est maintenant introduit dans le débat public par les sionistes dans les médias et, comme on l'a vu, l'"antiaméricanisme" est assimilé par les sionistes à l'opposition non seulement à Israël et aux intérêts juifs, mais aussi au christianisme lui-même - un thème extraordinaire en effet.

Pourtant, bien qu'il puisse être difficile pour l'Américain moyen d'accepter (ou même de comprendre) une controverse historique et géopolitique d'une telle ampleur, dont les ramifications mondiales sont manifestement immenses, c'est précisément ce que soutient l'un des "intellectuels" les plus réputés du sionisme dans un essai auda cieux publié dans le numéro de janvier 2005 du magazine *Commentary*, la revue toujours pompeuse, mais néanmoins candide, de l'American Jewish Committee.

Dans son essai intitulé "L'américanisme et ses ennemis", David Gelernter, professeur à Yale, affirme que l'"américanisme" lui-même - du moins tel qu'il est défini par Gelernter et ses collègues sionistes - n'est rien d'autre qu'une évolution moderne de la vieille pensée sioniste, qui remonte à la Bible elle-même. L'Amérique, affirme-t-il, est essentiellement le nouvel Israël, la nouvelle Jérusalem, un auxiliaire virtuel de l'État d'Israël lui-même.

Cependant, avant d'explorer les spécificités de l'étonnant essai de Gelernter, il est essentiel de comprendre le milieu particulier d'où il a émergé, car cela, en soi, montre l'importance de cette thèse, au moins du point de vue des cercles d'influence en Amérique qui comptent vraiment, c'est-à-dire l'élite sioniste.

Le fait que la proposition de Gelernter ait été formulée dans *Commentary - longtemps édité* par l'"ex-trotskiste" néo-conservateur Norman Podhoretz, qui est toujours au pouvoir dans les coulisses de la revue - signifie beaucoup de choses. Généralement reconnu comme l'un des principaux médias influençant la politique étrangère des États-Unis sous l'administration Bush, *Commentary* est certainement l'une des principales voix du sionisme, non seulement en Amérique, mais aussi dans le monde entier.

En outre, bien que Gelernter soit un spécialiste de l'informatique, ses opinions sur les affaires politiques sont régulièrement publiées en grande pompe dans les pages *du New York Times* et du *Washington Post*, ainsi que dans des publications résolument pro-israéliennes telles que *The New Republic*, *National Review* et le journal maison du milliardaire sioniste Rupert Murdoch, *The Weekly Standard*, édité par William Kristol, qui est peut-être le principal publiciste médiatique et stratège en matière d'affaires publiques pour le point de vue dit "néo-conservateur" aujourd'hui.

En tant que tel, ce que Gelernter a à dire doit être considéré avec précaution, dans la mesure où il fait partie intégrante du réseau de Kristol et qu'il a également toute latitude à *Commentary* pour diffuser des opinions aussi provocatrices. Gelernter est l'une des voix les plus lues du sionisme aujourd'hui.

Ainsi, comprendre ce que croient les "néo-conservateurs" tels que Gelernter, c'est comprendre l'état d'esprit même du mouvement sioniste intransigeant, non seulement aux États-Unis et en Israël, mais dans le monde entier, car le néo-conservatisme est probablement décrit comme l'influence la plus importante dans le monde toujours multiforme du sionisme d'aujourd'hui.

Bien que l'histoire des néo-conservateurs (décrite en détail dans l'ouvrage précédent de cet auteur, *The High Priests of War*) dépasse le cadre de notre étude, il est important de noter que le père de William Kristol, Irving Kristol, est connu comme le "parrain" du mouvement néo-conservateur et qu'il était lui-même, en tant que communiste trotskiste de la vieille école, l'un des "intellectuels new-yorkais" - faisant partie d'une cellule qui s'appelait elle-même "La Famille" - qui a servi de mentor à Podhoretz, en tant que communiste trotskiste de la vieille école, l'un des "intellectuels new-yorkais" autoproclamés - faisant partie d'une cellule qui s'appelait elle-même "La Famille" - qui a servi de mentor à Podhoretz à l'époque où *Commentary* devenait l'une des voix médiatiques les plus puissantes du lobby israélien.

Aujourd'hui, les Kristols et Podhoretz - ainsi que des personnes comme Gelernter - sont les forces vives de l'agenda mondial de l'administration Bush, alliés à des responsables politiques clés de l'administration comme le secrétaire adjoint à la défense Paul Wolfowitz et collaborant intimement avec des alliés de même sensibilité au sein des factions de la ligne dure en Israël. Tout ceci est particulièrement pertinent, bien sûr, puisque c'est sous la présidence Bush que la fusion effective de l'Amérique avec l'État d'Israël est devenue d'autant plus évidente - une alliance sans précédent, même en termes américains.

Il n'est donc pas indifférent que, lorsque le président Bush a prononcé son deuxième discours inaugural controversé, l'un des maîtres d'œuvre intellectuels de ce discours ait été Natan Sharansky, l'un des leaders les plus virulents de la ligne dure en Israël, avec lequel les sionistes néoconservateurs américains collaborent assez étroitement. Avec William Kristol et d'autres néo-conservateurs américains, Sharansky s'est rendu à la Maison Blanche à l'invitation de Bush et a participé à l'élaboration du discours prononcé par le président.

Dans ce discours inaugural, Bush a réaffirmé son engagement envers les principes d'une révolution mondiale globale - présentée comme la poursuite de la "démocratie" - qui ont été le fondement de la philosophie toujours en évolution de ces néo-conservateurs ex-trotskistes qui sont les parrains du "conservatisme compassionnel" de l'administration Bush. En bref, l'agenda de Bush (plutôt l'agenda des manipulateurs sionistes de Bush) n'est rien d'autre qu'une version modernisée du bolchevisme international à l'ancienne inspiré par feu Léon Trotsky.

Comme nous le voyons maintenant, les trotskistes d'aujourd'hui - aujourd'hui les dirigeants du sionisme - sont des réalistes et des opportunistes, pour ne rien dire d'autre. En tant que tels, ils ont réorganisé leur mécanisme de domination mondiale et l'ont adapté à leurs besoins particuliers au XXIe siècle, au point qu'ils ont même recruté un cow-boy né de nouveau, , messianique et armé, avec un accent texan, comme leur principal porte-parole public. Et, en fait, il a développé un véritable culte.

Dans ce deuxième discours inaugural, le jeune Bush a proclamé que "les intérêts vitaux de l'Amérique et nos convictions les plus profondes sont désormais un.... La promotion de ces idéaux est la mission qui a créé notre nation.... C'est désormais l'exigence urgente de la sécurité de notre nation et l'appel de notre temps".

En fin de compte, cela signifie une guerre future et beaucoup de guerre - une guerre mondiale - rien de plus qu'une expansion de l'entreprise impériale en cours en Irak, pour inclure comme cibles tous ceux qui sont perçus comme faisant obstacle au Nouvel Ordre Mondial dont les dirigeants du sionisme international ont rêvé depuis si longtemps. Et maintenant, ils ont l'Amérique entre leurs mains et contrôlent donc la seule nation puissante dont les ressources (et le peuple) peuvent être exploitées pour réaliser ce rêve.

Ce n'est pas une coïncidence si, à la veille de son second mandat, le magazine *Time* - la voix hebdomadaire de la famille royale sioniste américaine, les Bronfman - a qualifié George W. Bush de "révolutionnaire américain". Bush est peut-être un Américain, mais la révolution qu'il dirige n'est pas américaine. C'est une révolution dont les pères fondateurs sont les dirigeants du sionisme international. Le jeune Bush est peut-être roi, mais les intrigants sionistes sont ses régents.

L'agenda de Bush est l'agenda sioniste et le thème de la promotion de la démocratie mondiale fait partie intégrante du plan sioniste moderne (et en constante progression) visant à refaire le monde *sous la force des armes américaines.*

Cela nous ramène à l'essai de David Gelertner dans *Commentary*, car il constitue un complément philosophique au thème mis en avant par Sharansky - et repris consciencieusement et avec enthousiasme par Bush - et fait partie d'un effort permanent, pas si subtil, pour souligner et promouvoir le nouvel imperium international que l'administration Bush s'efforce de mettre en place.

Bien que son essai ait été publié avant que le discours inaugural de Bush ne soit prononcé publiquement - bien qu'il ait déjà été concocté en privé entre les mains des associés sionistes de Gelernter - Gelernter soutient que ce qui est aujourd'hui le point de vue Sharansky-Bush remonte, en termes d'histoire américaine, à l'époque des pères fondateurs Puritains et Pèlerins.

Notant que "les puritains se considéraient comme le nouveau peuple élu de Dieu, vivant dans la nouvelle terre promise de Dieu - en bref, comme le nouvel Israël de Dieu", Gelernter affirme que "de nombreux penseurs ont noté que l'américanisme est inspiré par le puritanisme, proche de lui ou entrelacé avec lui", notant que "l'un des chercheurs les plus importants à l'avoir dit récemment est Samuel Huntington, dans son formidable livre sur l'identité américaine, *Who Are We* ?

Ancien membre du Council on Foreign Relations, Huntington semble être un choix ironique pour Gelertner lorsqu'il prêche en faveur de l'américanisme et de la démocratie, dans la mesure où son précédent livre, *The Crisis of Democracy* (publié par la Commission Trilatérale financée par Rockefeller), suggérait qu'il y avait trop de démocratie en Amérique et qu'elle devait être supprimée.

Mais là encore, la "démocratie" - aux yeux de l'élite - ne s'applique qu'à ceux qu'elle veut voir libres.

Plus récemment, Huntington s'est fait le porte-parole d'une campagne de haut niveau visant à empêcher certains groupes d'immigrants - notamment les musulmans et les catholiques hispaniques - d'entrer aux États-Unis, essentiellement au nom de la "lutte contre le terrorisme et l'antisémitisme", l'élite juive ayant conclu que les immigrants catholiques, tout comme les musulmans, se méfiaient du pouvoir juif et n'étaient pas faciles à contrôler.

Quoi qu'il en soit, Gelernter affirme que le puritanisme du type choisi par Huntington est le véritable fondement de l'Amérique. Il écrit : "Le puritanisme n'a pas seulement inspiré ou influencé l'américanisme : Le puritanisme n'a pas seulement inspiré ou influencé l'américanisme, il s'est transformé en américanisme.... On ne peut vraiment comprendre les Pèlerins, ou les Puritains en général, sans connaître la Bible hébraïque et l'histoire juive classique ; connaître le judaïsme lui-même est également utile...

Les premiers adeptes de l'américanisme avaient tendance à définir même leur propre *christianisme* [en insistant sur celui de Gelernter] d'une manière qui le faisait ressembler au judaïsme.

Et il est probablement utile de souligner que Gelenter note que le puritanisme, dans son sens classique sur les côtes américaines, a connu une transition, à tel point que de nombreuses congrégations puritaines sont devenues unitariennes. L'ironie de la chose, bien sûr, c'est qu'il y a pas mal de chrétiens - y compris des partisans fondamentalistes d'Israël - qui ne considèrent même pas les unitariens comme des chrétiens. (Quoi qu'il en soit, Gelernter laisse peut-être entendre que (du moins du point de vue des sionistes) la forme moderne de "puritanisme" qui sous-tend l'"américanisme" est en fait tout sauf chrétienne. Et cela, bien sûr, surprendrait à nouveau de nombreux partisans chrétiens d'Israël qui proclament que l'Amérique est une nation chrétienne faisant sa part pour aider à accomplir les soi-disant promesses de Dieu au peuple juif.

L'évaluation que fait Gelernter de la Bible, telle qu'il la lit, est que, entre autres choses, les Américains, en particulier, ont "une mission divine envers toute l'humanité" et que trois conclusions peuvent être tirées : "Chaque être humain, où qu'il se trouve, a droit à la liberté, à l'égalité et à la démocratie. (La question de savoir à quelle Bible Gelernter fait référence est peut-être pertinente, mais elle dépasse certainement notre propos ici). Suggérant que ceux qu'il appelle "les théologiens de l'américanisme" ont compris que la liberté, l'égalité et la démocratie n'étaient pas seulement des idées philosophiques mais "la parole de Dieu", Gelernter conclut que la conséquence en est "la ferveur et la passion avec lesquelles les Américains croient en leur credo". Selon Gelernter, ce credo est que "les Américains, pratiquement seuls au monde, insistent sur le fait que la liberté, l'égalité et la démocratie sont justes non seulement pour la France et l'Espagne, mais aussi pour l'Afghanistan et l'Irak".

C'est ici que Gelernter commence à développer son thème particulier, à savoir que le sionisme fait partie intégrante de ce qu'il appelle l'"américanisme" et en est indissociable : Résumer le credo de l'américanisme à la liberté, à l'égalité et à la démocratie pour tous, c'est n'énoncer que la moitié de l'affaire. L'autre moitié traite d'une terre promise, d'un peuple élu et d'une mission universelle, divinement ordonnée. Cette partie de l'américanisme est la version américaine du sionisme biblique : en bref, le sionisme américain.

En affirmant que l'"américanisme" (tel qu'il le définit) est un "sionisme américain" - l'idée que l'Amérique est également une "terre promise" sioniste qui ne fait qu'un avec l'État d'Israël et le sionisme juif traditionnel lui-même, Gelernter suggère qu'Israël et l'Amérique sont tous deux des États juifs. Il va même plus loin : La contribution d'Israël classique (et du sionisme classique) à l'américanisme est incalculable. Aucun historien ou penseur moderne à ma connaissance... n'a rendu justice à ce fait extraordinaire. Ils semblent avoir oublié ce que l'éminent historien irlandais du XIXe siècle William Lecky a reconnu : que "le mortier hébraïque a cimenté les fondations de la démocratie américaine". Et même Lecky, je le soupçonne, n'a pas saisi toute l'étendue de cette vérité. Si nous ne la saisissons pas, nous ne pourrons jamais comprendre pleinement l'américanisme - ou l'antiaméricanisme.

En bref, Gelernter affirme que l'"antiaméricanisme" n'est rien de plus (ou rien de moins) que l'opposition à la théologie sioniste qui, selon lui, a joué un rôle considérable en tant que "mortier" qui a "cimenté les fondations de la démocratie américaine". Ensuite, Gelernter va de l'avant et applique sa théorie bizarre à la conduite de la politique étrangère des États-Unis. Dans le même esprit que où *le Washington Post* du 21 janvier 2005 déclarait que la vision globale du président Bush était "plus wilsonienne que conservatrice", Gelernter affirme :

[Woodrow Wilson se situe au centre de l'américanisme classique. Aucun président n'a parlé le langage de la Bible et de la mission divine avec autant de lucidité... Sous l'administration de Wilson, l'américanisme a accompli une transition fondamentale. Il avait toujours inclus l'idée d'une mission divine. Mais quelle était cette mission ? Jusqu'à la fermeture de la frontière dans la dernière décennie du 19e siècle, la mission consistait à peupler le continent.

Avec la fermeture de la frontière, la mission est devenue "l'américanisme pour le monde entier".

Selon Gelernter, les présidents suivants, tels que Franklin D. Roosevelt et Harry S. Truman, ont mené des guerres au nom de l'américanisme. La guerre de FDR contre une Europe virtuellement unie, alliée au Japon, n'était rien de moins qu'une guerre pour vaincre ce qui était peut-être la plus grande menace jamais apparue pour le pouvoir sioniste dans toute l'histoire de la planète. Truman, bien sûr, a lancé la guerre froide contre les Soviétiques, dont nous savons aujourd'hui qu'elle n'était qu'un autre mécanisme de profit mondial, car alors même que les enfants américains mouraient en Corée et, plus tard, au Viêt Nam, les banques internationales - dont beaucoup étaient juives et d'autres non - soutenaient la tyrannie soviétique alors qu'il était dans leur intérêt de le faire.

Cependant, selon Gelernter, c'est Ronald Reagan qui a affirmé cet "américanisme" lorsqu'il a parlé d'une "ville brillante sur une colline", citant le livre biblique de Matthieu dans le même esprit que le père puritain John Winthrop.

C'est Reagan, affirme Gelernter, dont "l'utilisation de ces mots a relié l'Amérique moderne à la vision chrétienne humaine, à la vision puritaine, à la vision (en fin de compte) de la Bible hébraïque et du peuple juif, qui a créé cette nation". Aujourd'hui, ajoute Gelernter, "le fait que l'américanisme soit le successeur du puritanisme est crucial pour [comprendre] l'antiaméricanisme".

Selon le point de vue sioniste que Gelernter met en avant, l'opposition européenne actuelle aux projets mondiaux avancés par les décideurs politiques néoconservateurs de l'administration Bush n'est rien d'autre que la manifestation actuelle d'un passé lointain :

Au XVIIIe siècle, les anti-Américains étaient conservateurs, monarchistes et anti-puritans.... Au XIXe siècle, les élites européennes deviennent de plus en plus hostiles au christianisme, ce qui entraîne inévitablement une hostilité à l'égard de l'Amérique.

Et dans un grand élan, Gelernter se met en scène...

Dans les temps modernes, l'antiaméricanisme est étroitement associé à l'antichristianisme *et à l'*antisémitisme. [souligné par Gelernter]

Tout cela reflète l'état d'esprit de l'élite sioniste et de ceux qui dictent aujourd'hui la politique étrangère américaine au nom d'un grand projet d'avancement d'une révolution démocratique mondiale mal définie.

Ce qu'il représente n'est rien d'autre que le Nouvel Ordre Mondial contre lequel les vrais patriotes américains ont mis en garde pendant des générations, un projet qui est un véritable "anti-américanisme" dans sa définition la plus élémentaire.

Les vrais Américains - et leurs nombreux amis du monde entier qui s'inquiètent à juste titre de la montée du pouvoir sioniste en Amérique - commettraient une erreur en négligeant l'influence d'une telle pensée : que l'on soit d'accord ou non, c'est la philosophie de l'élite sioniste, aussi immorale et infernale qu'elle puisse être.

Le résultat final, dans le grand projet sioniste, est l'établissement d'un empire mondial dirigé depuis l'Amérique, la nouvelle Jérusalem.

Alors que la "vraie" Jérusalem, en Palestine occupée, peut servir de capitale spirituelle au sionisme international, l'Amérique fournira l'argent, les armes et les jeunes hommes et femmes qui se battront et mourront pour rendre le monde sûr pour la richesse et la suprématie sionistes, tout cela au nom de l'"américanisme", qui est maintenant le grand masque juif.

Ainsi, en fin de compte, la thèse avancée dans *La nouvelle Jérusalem* - selon laquelle les sionistes ont revendiqué l'Amérique comme leur nouvelle Jérusalem - n'est pas une "théorie du complot antijuif" horrible et remplie de haine.

En fait, selon les sionistes eux-mêmes, le concept selon lequel l'Amérique est la nouvelle Jérusalem est le fondement même du sionisme au 21e siècle. Cette conclusion est inéluctable.

La question qui demeure est de savoir ce que les Américains - et d'autres dans le monde - ont l'intention de faire à ce sujet...

L'Amérique est-elle plus que "la nouvelle Jérusalem" ?

*Peut-être est-ce vraiment... **La nouvelle Babylone**.*

Quelques réflexions en guise de conclusion...

La vague du futur...

Nous clôturons ce volume en étant sûrs d'une chose : le matériel rassemblé dans ces pages est indéniablement plus complet que tout ce qui a été vu jusqu'à présent sur un sujet qui est peut-être le sujet le plus brûlant discuté sur la face de la planète aujourd'hui.

Des centaines de millions de personnes à travers la planète sont convaincues que l'Amérique est, en fait, la "nouvelle Jérusalem" - le centre de pouvoir du sionisme mondial. L'Amérique s'est imposée, sans conteste, comme le proverbial "pays de lait et de miel" qui, pour le meilleur ou pour le pire (beaucoup diraient "pour le pire"), éclipse de loin le minuscule État d'Israël en tant que joyau de la couronne sioniste. On ne peut le nier.

Comme l'a démontré l'attaque américaine sans Dieu, immorale et inutile contre l'Irak (avec les vastes destructions et dévastations qui ont suivi, y compris la mort inutile de plus de 1 000 Américains, sans parler du massacre de plusieurs milliers d'autres), le pouvoir sioniste en Amérique a atteint un niveau sans précédent, comme l'ont reconnu plus d'un historien juif et certainement pas moins que l'un des journaux les plus influents de l'État d'Israël.

Il y a ceux, bien sûr, qui disent que le pouvoir sioniste en Amérique est une conséquence naturelle du "marché libre" et une démonstration de la démocratie américaine dans ce qu'elle a de meilleur. D'autres - beaucoup d'autres - soutiennent le contraire.

L'assassinat de John F. Kennedy a en effet marqué un tournant dans le système américain et, en réalité, dans le monde. Bien que le pouvoir sioniste ait longtemps exercé son influence à Washington et dans toute l'Amérique, l'État d'Israël lui-même était relativement nouveau-né en

1963. Cependant, en tant que président, JFK s'est fermement opposé aux exigences du lobby sioniste, en particulier à son désir d'aider Israël à devenir une grande puissance mondiale, et il l'a payé de sa vie. Cela a ouvert la voie à un réalignement majeur de la politique américaine à l'égard d'Israël et du monde arabe et a également donné un nouveau pouvoir au lobby israélien à Washington. Et, bien évidemment, cette influence n'a cessé de croître depuis lors.

La prolifération des armes nucléaires dans le monde arabe et musulman a été une réaction directe à la construction nucléaire d'Israël - que JFK a tenté d'arrêter - et il n'est pas exagéré de dire que si JFK avait réussi à à empêcher Israël de se doter d'armes nucléaires, il est fort probable que les États-Unis n'auraient jamais été impliqués dans la débâcle en Irak qui a résulté des efforts initiaux de Saddam Hussein pour construire un arsenal nucléaire destiné à contrer celui d'Israël. Et la tragédie de l'Irak continuera à hanter l'Amérique et son peuple pendant des générations.

Ainsi, alors que le lobby sioniste reste inébranlable ici en Amérique, promouvant les intérêts de son client étranger - l'État d'Israël - les familles sionistes et les blocs de pouvoir ici sur le sol américain ont rassemblé un conglomérat massif de richesse et de pouvoir qui, comme nous l'avons vu, a effectivement fait des États-Unis, sans aucun doute, la Nouvelle Jérusalem.

L'histoire secrète de la lutte en coulisses de JFK avec Israël doit être connue de tous si les Américains - et les peuples du monde entier - veulent vraiment comprendre comment et pourquoi le sionisme a atteint une telle prédominance dans la vie américaine.

Ceux qui règnent en maîtres le font parce que, le 22 novembre 1963, un président américain qui contestait leur pouvoir a été mis à mort lors d'une exécution publique très peu glorieuse, un crime qui, à ce jour, reste impuni. Aujourd'hui, nous sommes confrontés à la réalité qui découle de ce crime à Dallas. Nous devons commencer à examiner la situation et à réfléchir à ce qui attend l'Amérique... et le monde.

Si nous tournons notre regard vers d'autres États-nations modernes, nous constatons que la lutte contre le pouvoir sioniste est - tout comme en Amérique - le "grand secret" inavoué du moment. Dans certains endroits, cependant, la lutte est en train d'entrer dans le vif du sujet....

Dans l'hémisphère occidental, nous trouvons un révolutionnaire populiste au Venezuela, Hugo Chavez, qui se dresse (avec allégresse) contre les intrigues sionistes internationales. Ce n'est pas un hasard si, à une occasion, Chavez s'est fièrement tenu aux côtés du dirigeant irakien de l'époque, Saddam Hussein, et a déclaré que lui et Saddam étaient opposés aux "Pharisiens".

Chavez savait exactement ce qu'il disait. De même, ce n'est pas un hasard si Chavez est aujourd'hui, de plus en plus, la cible des médias sionistes.

En Asie, l'ancien Premier ministre malaisien Mahathir Muhammed a choqué le monde en évoquant publiquement l'immense pouvoir du sionisme international. Il a été impitoyablement critiqué par les médias pour ses remarques, mais tout le monde savait, bien sûr, qu'il avait vu juste. C'est pourquoi Muhammed reste immensément populaire, non seulement dans le monde musulman, mais aussi dans toutes les nations du monde où les personnes libres de penser ne craignent pas la vérité.

Dans la nouvelle Russie post-soviétique, une poignée de milliardaires sionistes - connus sous le nom d'"oligarques" - s'efforcent de maintenir une main de fer sur l'économie russe, face au défi lancé par le président russe Vladimir Poutine qui, en s'attaquant à ces puissantes forces, a mis son propre avenir en jeu. Il va sans dire que les médias occidentaux contrôlés par les sionistes n'ont pas accueilli favorablement les mesures prises par Poutine à l'encontre des oligarques. Les médias vilipendent Poutine, le qualifiant de retour à l'ère des tsars ou à celle du redoutable Staline qui, dans ses derniers jours, a commencé à lutter contre l'influence sioniste en Russie, provoquant ainsi sa propre mort prématurée.

(Les faits concernant le meurtre de Staline ont été documentés de manière concluante en 2004 par Jonathan Brent et Vladimir Naumov dans *Stalin's Last Crime*, confirmant ce qui avait été largement et plus ou moins subtilement suggéré, voire vanté, dans des publications juives pendant plus de 50 ans). La question de savoir si Poutine survivra à l'assaut sioniste est une question dont la réponse jouera un rôle majeur dans l'orientation de l'avenir de la Russie et du monde, car les sionistes n'ont aucun scrupule à attiser une nouvelle "guerre froide" entre les États-Unis et la Russie afin de dompter Poutine et d'assurer la survie de l'influence sioniste en Russie.

En fin de compte, la lutte contre le pouvoir et l'influence démesurés des sionistes et leurs conséquences souvent pernicieuses a toujours fait partie de l'histoire et, aux États-Unis aujourd'hui, elle pourrait bien s'avérer être la question cruciale des années à venir... ou, du moins, elle devrait l'être.

Est-il vraiment si vital pour le système américain qu'une poignée de familles milliardaires ait la mainmise sur le monopole des médias en Amérique ?

Si et Donald Newhouse ne risquent-ils pas d'être soumis à des lois anti-monopoles strictes qui les déposséderaient de leur vaste propriété de journaux dans toute l'Amérique ? Si et Donald ne peuvent-ils pas se contenter de posséder un seul journal et un seul magazine - ou peut-être seulement quelques-uns ?

Plus d'un critique américain des médias s'est inquiété de la concentration croissante de la propriété des médias, mais, jusqu'à présent, seule une poignée de voix indépendantes (dont, soit dit en passant, un député juif, Bernie Sanders, du Vermont) ont sérieusement osé soulever la question.

N'est-il pas également temps de rappeler les avertissements de feu le sénateur populiste de Louisiane Huey P. Long, qui appelait à la redistribution des richesses ? Comme l'ont noté des analystes tels que Kevin Phillips, entre autres, le fossé entre les riches et les pauvres dans ce pays se creuse de manière exponentielle, la classe moyenne devenant elle aussi de plus en plus pauvre. Le moment n'est-il pas venu de briser les grandes fortunes accumulées et de s'attaquer à ceux que FDR appelait "les malfaiteurs de la grande richesse" ?

Les trois héritiers de la gigantesque fortune de Mars (30 milliards de dollars) souffriront-ils vraiment s'ils doivent tout abandonner, à l'exception d'une petite centaine de millions de dollars ? On peut d'ailleurs se poser la même question à propos de certaines fortunes non juives en Amérique.

Imaginez ce qui pourrait être fait pour améliorer l'Amérique dans son propre pays si ne serait-ce qu'une poignée de ces conglomérats monumentaux de richesse pouvait être redistribuée ici, chez nous, pour améliorer la vie de tous les Américains.

Aucun enfant ne souffrirait de la faim. Aucun parent n'aurait à se battre pour envoyer ses enfants à l'université. Les maladies et la toxicomanie pourraient être combattues dans le cadre d'une campagne nationale bien financée et dotée de ressources inégalées à ce jour. Plus aucune communauté ne serait privée de soins de santé adéquats. Les personnes âgées ne mangeraient plus jamais de la nourriture pour chiens afin d'économiser l'argent nécessaire à l'achat de médicaments indispensables. Nos maisons de retraite ne seraient plus des endroits laids où nos aînés seraient envoyés pour mourir dans la misère. Nos ponts, nos autoroutes et nos chemins de fer en ruine pourraient être remis en état.

La liste de ce que nous pourrions accomplir avec une infusion de richesse prise des mains des super-riches est sans fin. Faites travailler votre imagination. Et songez que l'Amérique, en tant que nation, pourrait aussi prêter main-forte aux peuples du monde entier.

Tout cela n'est qu'un rêve pour le moment. En fait, l'élite sioniste et ses alliés dans les hautes sphères de la classe dirigeante américaine travaillent assidûment à assurer leur propre domination et à veiller à ce que leur fortune reste intacte. Toutes sortes de lois visant à supprimer la dissidence populaire en Amérique sont en cours d'élaboration.

L'instauration de lois sur les "crimes de haine" - qui ne sont rien d'autre que des stratagèmes conçus pour contrer les critiques de l'influence juive dans l'élaboration des politiques américaines - ainsi que des mesures liberticides telles que le "Patriot Act" et d'autres lois de ce type, font partie intégrante d'un programme planifié de longue date visant à supprimer la dissidence et à mettre en place un programme de "contrôle de la pensée" dans un seul et unique but : assurer la poursuite de la domination sioniste sur l'expérience américaine.

Bien qu'il y ait des indications que des éléments hautement placés dans la vie américaine - des personnes au sein d'institutions politiques influentes telles que la CIA, le FBI, le département d'État, l'Agence de sécurité nationale et l'armée elle-même - s'agitent de plus en plus, craignant à juste titre que l'influence juive sioniste sur la politique américaine soit un danger pour l'Amérique et sa place dans le monde, il n'en reste pas moins que le contrôle et/ou l'influence sioniste prééminent sur le monopole des médias américains est une force qui joue un rôle majeur dans le façonnement de la psyché américaine dans son ensemble.

À l'heure actuelle, il semble malheureusement très improbable que le peuple américain soit sur le point de se soulever et d'élire un président et un congrès qui remettent en question le pouvoir sioniste et ce qu'il représente.

Toutefois, si un nombre suffisant d'Américains - dans un nombre suffisant d'endroits à travers ce vaste pays - sont prêts à se lever, à s'exprimer et à apporter leur soutien à ceux qui occupent des postes de pouvoir, il est probable que les personnes haut placées qui se posent de sérieuses questions sur le pouvoir sioniste seront plus enclines que jamais à se lever et à s'exprimer à leur tour.

En bref, nous pouvons avoir une "révolution par le haut" - car une révolution par le bas, à l'heure actuelle, semble hautement improbable. La première révolution américaine était le produit d'intellectuels, de chefs militaires et d'hommes d'affaires mécontents, et la seconde révolution américaine à venir proviendra inévitablement des mêmes sources.

C'est pourquoi les Américains de base doivent rester vigilants. Ils doivent continuer à soutenir les voix indépendantes dans les médias libres et, le moment venu, se rallier à ceux qui, en haut lieu, ont enfin le courage de dire : "Je suis fou de rage et je n'en supporterai pas davantage".

La vague de l'avenir se dirige rapidement vers les côtes américaines et le monde entier la regarde. Cette vague s'abattra avec un fracas retentissant comme on n'en a encore jamais entendu dans l'histoire et, en fin de compte, quoi qu'il en coûte, les Américains déclareront franchement et audacieusement, en termes non équivoques, que *notre nation est la Nouvelle Jérusalem pour tous les peuples, et pas seulement pour une élite qui se vénère elle-même et qui se réclame d'un clan.* Lorsque cela se produira - et seulement à ce moment-là - nous pourrons être assurés que l'Amérique (et le monde) sera sur la véritable route du salut, et non sur la route que ceux qui règnent en maître voudraient nous voir emprunter... la route de la destruction.

-MICHAEL COLLINS PIPER

"La vérité dépend et ne s'obtient que par une déduction légitime de tous les faits réellement matériels.

-S.T. COLERIDGE Table-Talk, 27 décembre 1831

"On dira ce qu'on voudra des Juifs, qu'ils sont maudits : ils prospèrent partout où ils viennent ; ils peuvent obliger le prince de leur pays à lui prêter de l'argent ; aucun d'eux ne mendie ; ils se tiennent ensemble ; et quant à ce qu'on les hait, pourquoi les chrétiens se haïssent-ils autant les uns les autres ?".

-JOHN SELDEN Table-Talk, 1689

"Les Juifs n'ont aucun sens des proportions, ni aucun jugement sur les affaires du monde. Je trouve que les Juifs sont très, très égoïstes. Ils se moquent du nombre d'Estoniens, de Lettons, de Finlandais, de Polonais, de Yougoslaves ou de Grecs qui sont assassinés ou maltraités en tant que personnes déplacées [après la guerre], tant que les Juifs bénéficient d'un traitement spécial. Pourtant, lorsqu'ils détiennent le pouvoir - physique, financier ou politique - ni Hitler ni Staline n'ont rien à leur reprocher en matière de cruauté ou de mauvais traitements à l'égard des laissés-pour-compte.

-Président HARRY S. TRUMAN Journal inédit. Entrée du 21 juillet 1947 (citée dans le Washington Post, 11 juillet 2003)

Bibliographie des sources

NOTE : Les volumes qui apparaissent ci-dessous sont les sources utilisées principalement dans la section "faits et chiffres" de *La nouvelle Jérusalem* et sont ceux qui sont dûment notés dans les notes de fin de ce volume. Il devrait être immédiatement évident que toutes les sources sont définitivement "mainstream".

Les noms des auteurs juifs sont indiqués en caractères gras.

Bien que d'autres volumes aient été consultés lors de la rédaction de cet ouvrage (et qu'ils soient dûment mentionnés dans le texte), ils ne sont pas inclus dans cette bibliographie qui est consacrée en grande partie aux sources utilisées pour la section décrite comme "les faits et les chiffres froids et durs" concernant le pouvoir sioniste en Amérique.

Lenni Brenner. *Les Juifs en Amérique aujourd'hui.* (Seacaucus, New Jersey : Lyle Stuart, 1986).

Norman F. Cantor. *La chaîne sacrée : L'histoire des Juifs. (New York : HarperCollins Publishers, 1994).*

Benjamin Ginsberg. *L'étreinte fatale : Jews and the State. (Chicago : University of Chicago Press, 1993).*

J. J. Goldberg. *Jewish Power : Inside the American Jewish Establishment.* (Reading, Massachusetts : Addison-Wesley Publishing Company, Inc., 1996).

Joel Kotkin. *Tribus.* (New York : Random House, 1993).

Gerald Krefetz. *Les Juifs et l'argent : The Myths and the Reality.* (New Haven et New York : Ticknor and Fields, 1982).

Ferdinand Lundberg. *Les soixante familles d'Amérique.* (New York : Halcyon House edition, 1939). (Note : Lundberg serait d'origine suédoise).

Ferdinand Lundberg. *Les riches et les super-riches.* (New York : Lyle Stuart, 1968).

New York magazine, 29 janvier 1996. Article de Philip Weiss.

Barry Rubin. *Assimilation and Its Discontents*. (New York : Times Books/Random House, 1995).

Edward S. Shapiro. *Le temps de la guérison : American Jewry Since World War II*. (Baltimore : Johns Hopkins University Press, 1992).

Steven Silbiger. *Le phénomène juif*. (Atlanta, Géorgie : The Longstreet Press, 2000).

Charles E. Silberman. *Un certain peuple*. (New York : Summit Books/Simon & Schuster, Inc., 1985).

Geoffrey Wheatcroft. *La controverse de Sion*. (Omnia Veritas Ltd, www.omnia-veritas.com. 1996).

"Appel juif - Lieberman peut-il combler le fossé de la collecte de fonds ? Sarah Wildman, dans le numéro du 18 septembre 2000 de *The New Republic*.

POUR MÉMOIRE : Après la publication du premier livre de cet auteur, *Final Judgment*, un critique a affirmé que nombre de mes sources et références étaient "hors contexte" ou mal restituées.

Ce n'était pas le cas. Un autre critique a déclaré que "la plupart" de mes documents clés provenaient d'une seule source. Encore une fois, ce n'est pas vrai.

Cependant, le fait que les critiques n'hésitent pas à mentir et à diffamer un auteur parce qu'ils n'aiment pas ce qu'il documente est une réalité peu glorieuse que cet auteur a découverte par lui-même. C'est pourquoi j'encourage toujours les gens à "me montrer mes erreurs" et à "me montrer où je me trompe".

Il me semble, du moins à moi, que lorsque vous écrivez quoi que ce soit qui soit ne serait-ce que vaguement critique à l'égard de l'État d'Israël ou de ses partisans, cela rend automatiquement tout ce que vous écrivez absolument erroné. C'est du moins ce que prétendent mes détracteurs, de manière très bruyante, répétée et hystérique.

Je laisse aux lecteurs honnêtes le soin de se référer à mes sources citées et de les vérifier par rapport à mes notes de bas de page et, comme je l'ai dit, si j'ai sorti quelque chose de son contexte ou si j'ai rendu quelque chose de manière incorrecte, qu'ils me le fassent savoir. Mais ne me traitez pas de menteur.

- MCP.

Les médias du monde entier font l'éloge de Michael Collins Piper, mais les médias américains contrôlés le dénigrent...

En mars 2003, à la veille de l'invasion américaine de l'Irak, Michael Collins Piper, l'auteur de *The New Jerusalem*, était à Abu Dhabi, la capitale des Émirats arabes unis (EAU), en tant qu'invité du distingué Centre Zayed pour la coordination et le suivi, le groupe de réflexion officiel de la Ligue des États arabes. La conférence de M. Piper, qui portait sur la partialité des médias américains en faveur d'Israël, a fait l'objet d'une couverture médiatique très favorable dans la presse arabe et anglaise du Moyen-Orient (voir ci-dessus). En août 2004, M. Piper s'est rendu à Kuala Lumpur, la capitale de la Malaisie, où il s'est exprimé devant de nombreux industriels, intellectuels, avocats, journalistes, diplomates et autres, et a bénéficié d'une couverture médiatique locale similaire, directe et honnête (ci-dessous). En revanche, M. Piper a été violemment attaqué par les principaux médias américains dans son pays d'origine. Ce n'est pas une surprise, puisque Piper - critique des médias pour le journal indépendant *American Free Press* (AFP) - est un fervent défenseur des mesures visant à freiner la concentration croissante de la propriété des médias entre les mains d'un petit nombre de familles et d'intérêts financiers.

UNE LETTRE DE L'AUTEUR :

Chère lectrice, cher lecteur :

Dans la même veine que mes ouvrages précédents - FINAL JUDGMENT et THE HIGH PRIESTS OF WAR - ce dernier volume, THE NEW JERUSALEM, est un examen critique du pouvoir sioniste en Amérique et de ses conséquences. Ce n'est pas un sujet "agréable" à traiter, loin s'en faut !

Si j'écrivais sur l'influence financière des musulmans en Amérique, mes efforts seraient largement diffusés dans les médias et je serais considéré comme un génie littéraire, interviewé dans toutes les grandes émissions d'information et mes livres feraient l'objet d'une critique dans tous les journaux du pays. Hélas, en raison du sujet que j'ai choisi d'aborder, ce n'est pas du tout le cas.

C'est pourquoi il est vital que non seulement les Américains de base et les médias indépendants, mais aussi les personnes réfléchies de toutes les races et de toutes les croyances du monde entier, diffusent largement mon travail et celui d'autres écrivains partageant les mêmes idées, par le biais du bouche-à-oreille, d'appels à la radio, etc.

Comme je l'ai déjà indiqué, mon travail est considéré comme "radical" et "controversé", mais je ne m'excuse pas de dire la vérité. Mes détracteurs disent qu'il faut et qu'il faut m'ignorer, que ce que j'ai à dire est absurde et sans importance, mais ces mêmes détracteurs passent un temps fou à dire aux gens de ne pas faire attention à moi et à me traiter de tous les noms. J'ai l'impression que je dois faire quelque chose de bien.

Il me semble qu'il est temps d'établir un front mondial uni contre le sionisme. Qu'en pensez-vous ?

Je vous prie d'agréer, Monsieur le Président, l'expression de mes sentiments distingués,

MICHAEL COLLINS PIPER

Autres titres

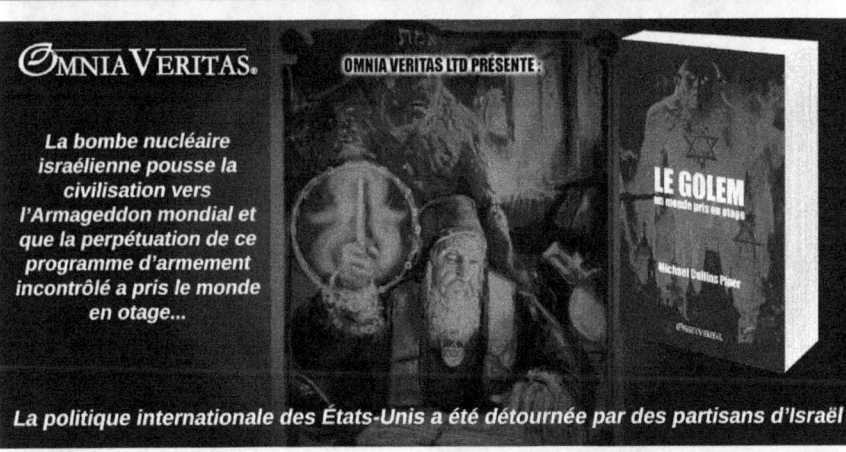

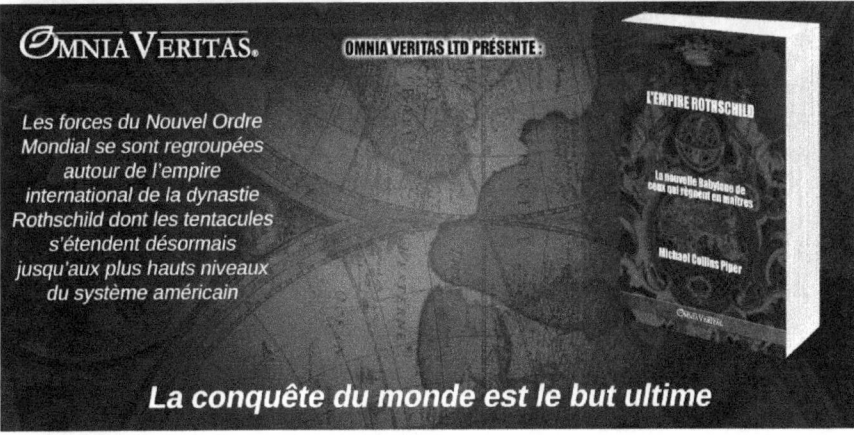

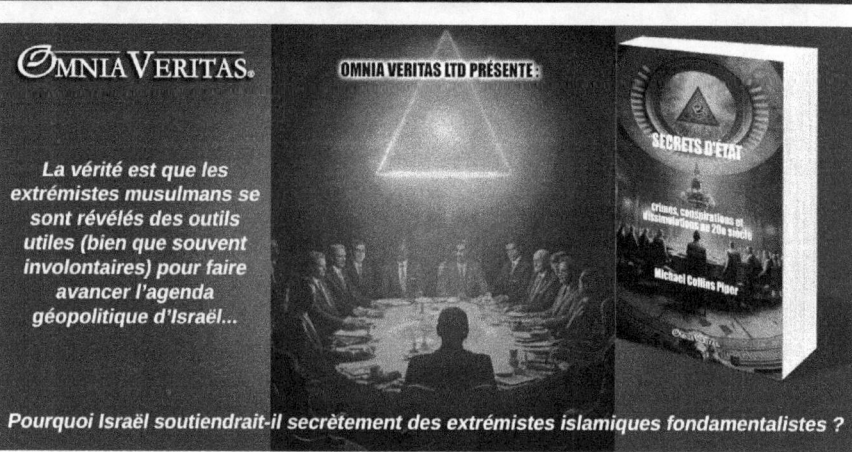

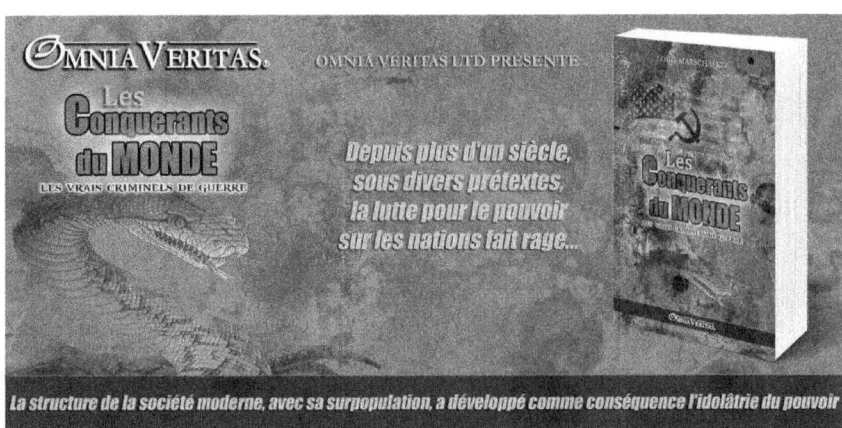
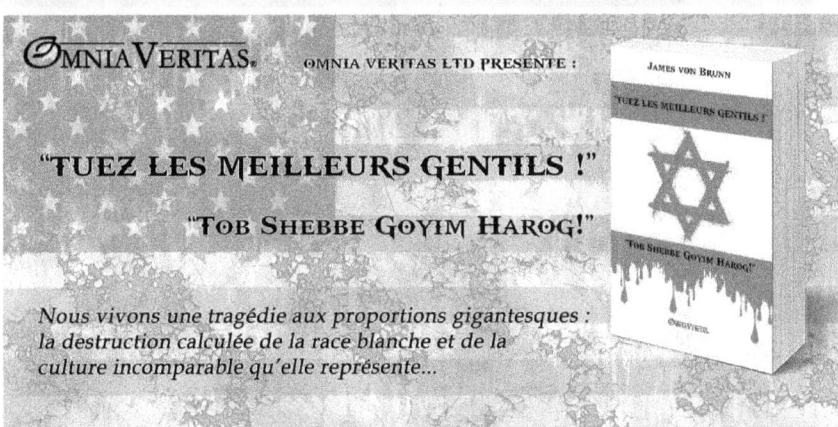

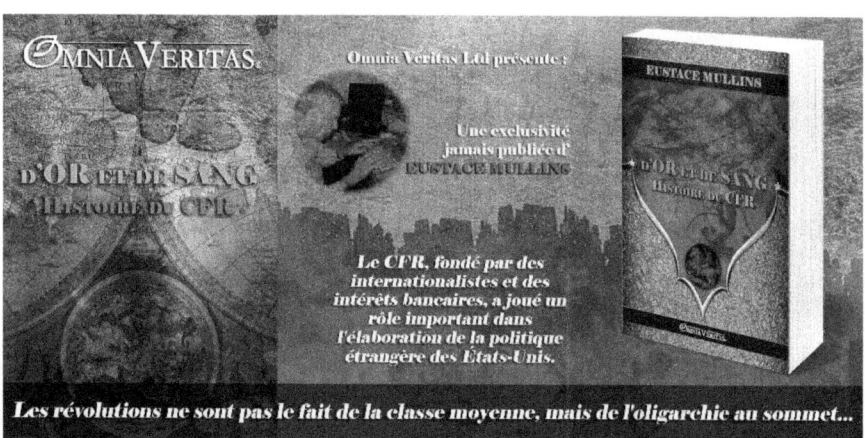

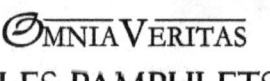

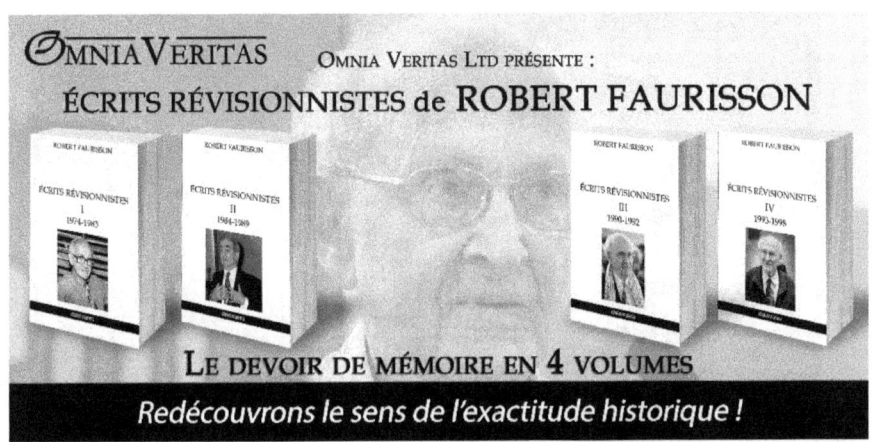

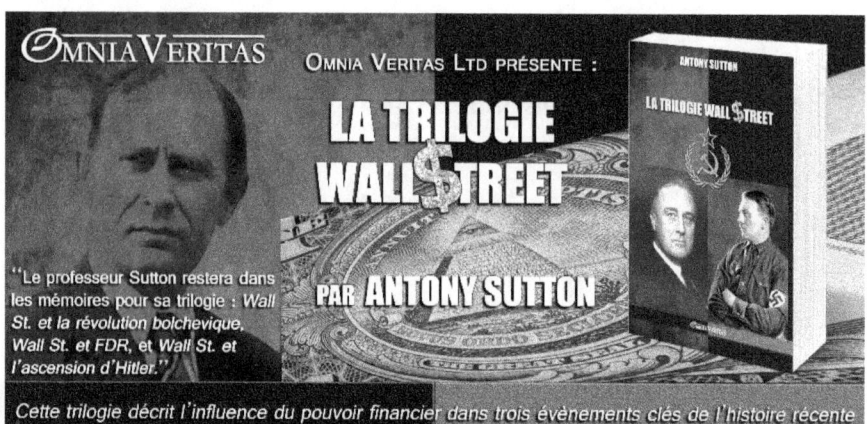

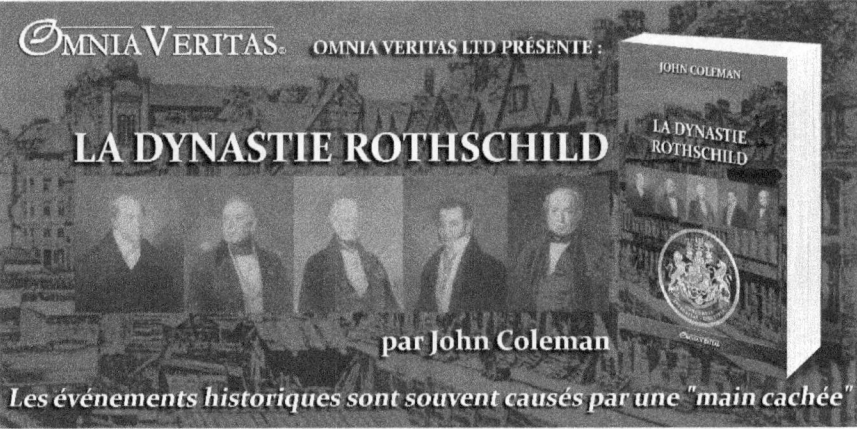

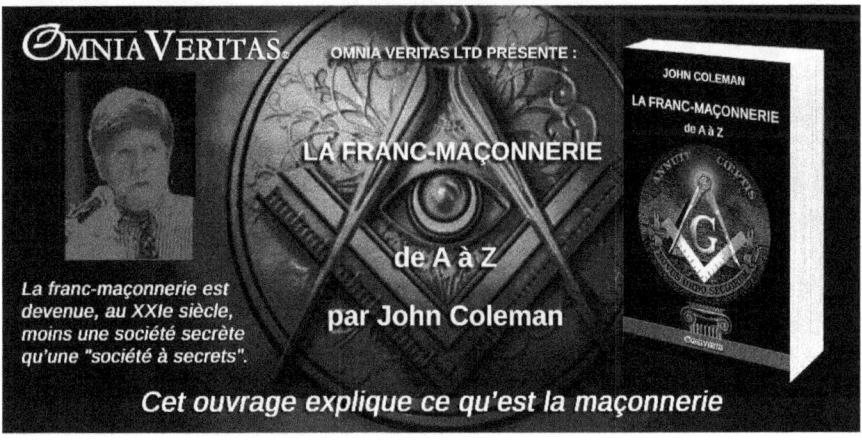

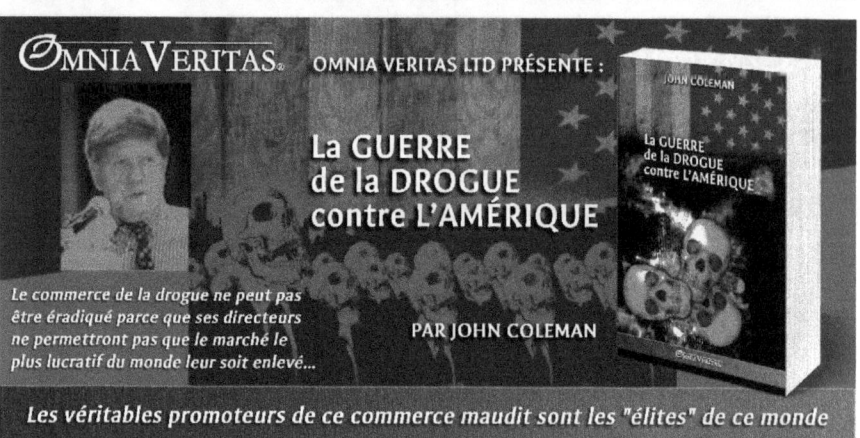

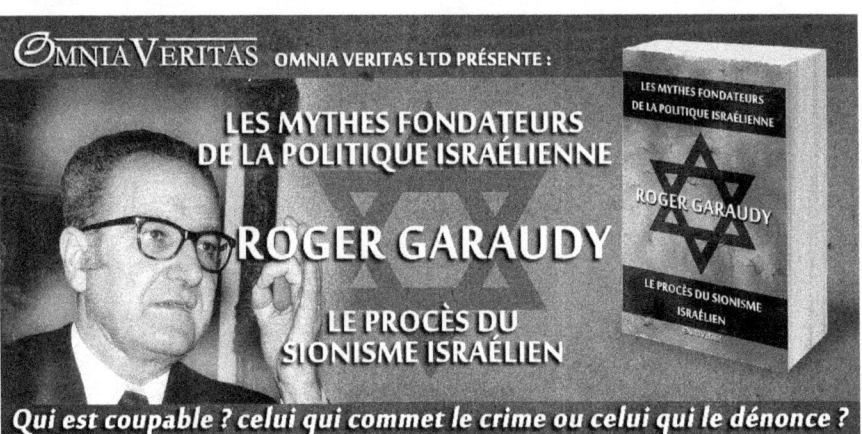

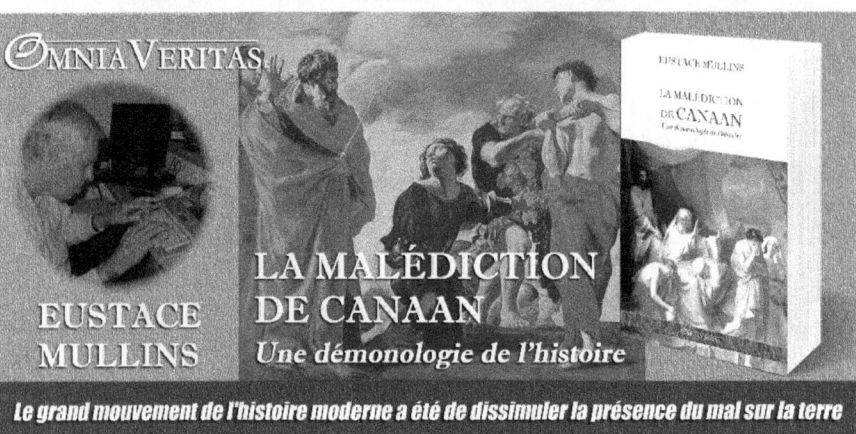

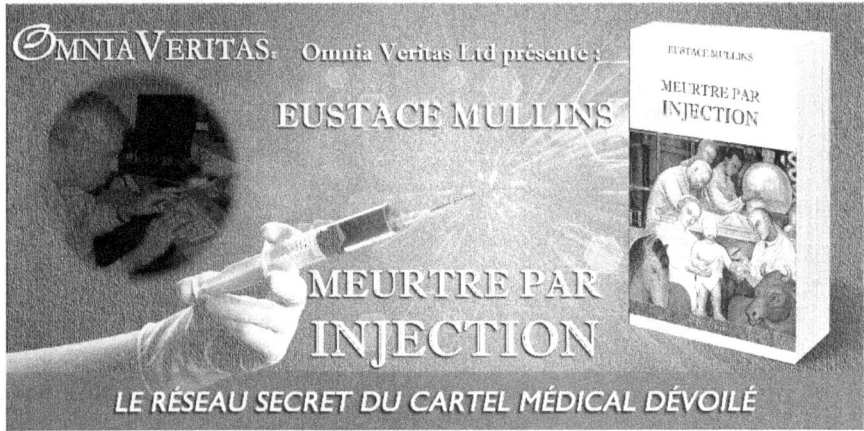

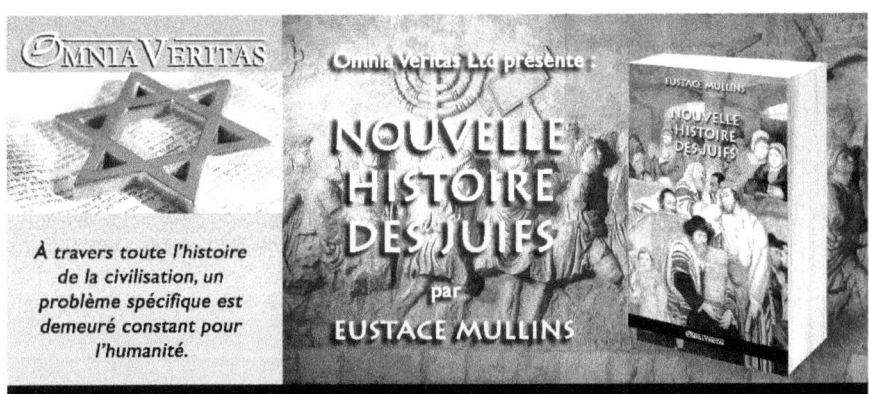

www.ingramcontent.com/pod-product-compliance
Lightning Source LLC
Chambersburg PA
CBHW060818190426
43197CB00038B/1917